二程易說

黃忠天　撰

麗文文化事業

■ 國家圖書館出版品預行編目資料

二程易說／黃忠天撰. －－初版・ －－高雄市：麗文
文化, 2016.03
　　面；　公分

　ISBN　978-957-748-632-5（平裝）

　1.易經　2.易學　3.研究考訂

121.17　　　　　　　　　　　　　　　105003984

二程易說

初版一刷・2016 年 3 月

撰者	黃忠天
責任編輯	李麗娟
封面設計	王禹喬
發行人	楊曉祺
總編輯	蔡國彬
出版者	麗文文化事業股份有限公司
地址	80252高雄市苓雅區五福一路57號2樓之2
電話	07-2265267
傳眞	07-2233073
網址	http://www.liwen.com.tw
電子信箱	liwen@liwen.com.tw
劃撥帳號	41423894
購書專線	07-2265257轉236
臺北分公司	23445新北市永和區秀朗路一段41號
電話	02-29229075
傳眞	02-29220464
法律顧問	林廷隆律師
電話	02-29658212

行政院新聞局出版事業登記證局版台業字第5692號
ISBN 978-957-748-632-5（平裝）

麗文文化事業

定價：260 元

目　次

序

　　《四庫全書總目·易類序》將易學分為義理與象數兩派，其中論及義理派又細分為王弼之「老莊易」，胡瑗、程頤之「儒理易」，李光、楊萬里之「史事易」，此即《四庫全書總目》所拈出的義理三宗。歷代義理派易學典籍千百種，論其影響最廣，閱讀最眾，迄今盛而未衰者，殆屬《十翼》與程頤《易傳》（另名：《伊川易傳》、《周易程氏傳》、《程傳》。《十翼》）奠定二千年來義理易學詮釋體系；《程傳》則是將儒理解《易》方式推闡至極，即使程頤以降，義理派易學著作雖多，然大多僅能略作修正，終究難以逾越，進而取而代之。無怪乎清初大儒顧炎武亦慨嘆曰：「昔說《易》者，無慮數千百家，然未見有過於《程傳》者。」（《亭林文集》卷三·葉三）丁晏亦謂「蒙少而讀《易》，自漢唐迄宋元明之注解，汎濫旁求，無慮百數十家，驚然而無所得。迨年逾六旬，篤耆程子之傳，朱墨點勘，日覘一卦，兩閱月而卒業，為之歎絕，以為孔子之後，一人而已。」（《周易述傳·書後》）

　　個人對二程易學的研究，除植基於撰寫博士論文期間對於宋代易學的涉獵外，1996年8月，有幸獲聘至國立高雄師範大學執教，始授《易經》課程，便選擇以《程傳》為教材，亦有推助之功。惟坊間版本雖多，然善本蓋寡，於生難字詞，經典疑義，

亦乏註評。遂不揣淺陋，於 2000 年撰成《周易程傳註評》一書。2005 年初，旅居美國賓州的程德祥先生知我撰有此書，雙方魚雁往返，除彼此問學外，並論及四川涪陵點易洞諸事（程頤當年撰《易》所在），相談甚洽。德祥先生為伊川二十九代裔孫，熟諳二程家學，並惠寄清・康熙年間，朝鮮・宋時烈所編《程書分類・易類》一卷，該書彙集《二程全書》中之易說，頗便於閱覽。余驚喜拜讀之餘，並信手核對書架上《二程集》，始覺其中頗多疏漏，既驚嘆二程易說之繁富，誠可輔翼《程傳》，又惜宋氏原書疏漏如斯，遂有續貂之志。

　　本書材料主要採自王孝魚點校中華書局重刊《二程集》。《二程集》為程顥、程頤全部著作之匯集，卷帙浩繁。由於其中引《易》或明或暗，與《易》相關者，亦或隱或顯，再加上六百餘則材料的分類歸納，以及為便於讀者檢索所採行互見排比諸法的鳩合匯整，使得在閱讀原典與爬梳材料過程，耗費心神與時間頗多。由於此書非今人所視為學術著作，若就學術「績效」言，正如前人所云：「費力而少功」，亦屬「能者不為，為者不能」之事。然朱熹幸而有《文公易說》傳世，作為儒理易學宗師之程頤，能無《二程易說》以輔翼其易學乎？是以不揣淺陋，不避繁贖，勉力從事，以分享二程易學的千古知音。

　　本書雖從 2005 年開始從事編輯，惟公私繁忙，時時中輟，始終未能成書，十年歲月，竟悠悠而逝。古人云：「十年磨一劍」，可嘆我磨劍牛步，延宕迄今，有負師友期盼，不免令人唏噓。今此書得以付梓，若非當年陳德祥先生贈書因緣，若非科技部研究計畫在經費與人力挹注，若非內人陳惠齡教授時加鞭策，

恐無以致之。另本書在打字、編校與輯佚上，亦得力於國立高雄師範大學經學研究所沙光曜、洪政良、劉月卿、胡閎崴、葉哲瑜、林俊伊、黃英傑、陳詠琳、邱君奎、劉禹賢諸同學的協助，最後，本書得以順利出版，高雄麗文文化事業公司編輯行政李麗娟經理的襄贊與辛苦協助，謹一併表達個人由衷地謝忱！

黃忠天

謹誌於臺灣‧新竹‧絜園
二○一五年十月歲次乙未

編纂說明

一、二程易說材料的來源

　　二程易說絕大多數散見於《二程集》中，少部分亦見於二程門人或時人著作中，本書在材料的選取上，主要即以《二程集》為主。《二程集》為二程著作的總集，其中包含六大部分：《河南程氏遺書》二十五卷暨附錄一卷、《河南程氏外書》十二卷、《河南程氏文集》十二卷暨《遺文》一卷、《周易程氏傳》四卷、《河南程氏經說》八卷、《河南程氏粹言》二卷。二程易說即散列於此六大部分。其中在《遺書》、《外書》、《粹言》者，主要以語錄的方式呈現，在《文集》者則散見於雜著、書啟、遺文中。除此之外，伊川易說以單獨成篇或專書呈現者，其一集中於《經說》卷一〈易說〉，內容以解說〈繫辭〉為主；其二即為《周易程氏傳》四卷，分別包含〈易傳序〉、〈易序〉、〈上下篇義〉、〈周易上下經〉幾個部分。

　　由於《二程集》中有關易說內容繁富，復龐雜零散，閱讀不便。雖然，清・康熙年間，朝鮮・宋時烈曾將《二程全書》分類編輯為《程書分類》一書，其中將所收錄二程易說，併為《易》類一卷，凡 287 筆；（不含《程傳》一書），惟據筆者自《二程集》所輯易說，則約有 600 餘筆，其中大部分為程頤（伊川）易說，亦有部分為程顥（明道）易說。

　　《二程集》中所輯錄者，有清楚載明為「明道先生語」，或為「伊川先生語」者，亦有僅書「二先生語」者。雖然，近人有試圖分判何者為明道，何者為伊川，惟即使《二程集》載明為「明道先生語」者，有時其說與「伊川先生語」無甚分別。如以〈隨卦・上六〉為例，《二程集・河南程氏遺書卷第十一》雖載明為「明道先生語」，惟若援伊川《易傳》比對，則兩者說法，其實無別。執此一例，可以想見二程在易學思想上，誠有難以截然區分者。故本書為求審慎，但輯錄《二程集》中所載易說，不刻意強作解人。

　　本書在編纂上採北京・中華書局 2004 年 2 月 2 版王孝魚點校《二程集》編次，本文中所引《二程集》即依此版本。

二、二程易說的分類方式

　　本書將《二程集》中所輯二程易說約 600 餘筆，區分為九個部分：

　　1.通論：收錄二程通論易學，或與《易》相關，但難以歸入於某卦某爻或《十翼》者，其中包含論理氣象數、論讀《易》學《易》、評前人易說、記師友軼事、論《易傳》撰作、論占卜術數等等。

　　2.周易上下經：將《二程集》中所錄二程易說，其中專就某卦某爻論述者，分別歸入其所屬各卦。另經傳編排則蓋依通行本《周易》，即將〈彖〉、〈象〉、〈文言〉等分別散入所屬各卦中，以便學者參閱對照，其中除〈需〉、〈訟〉、〈大有〉、〈噬嗑〉、〈離〉、〈遯〉、

〈晉〉、〈解〉、〈夬〉、〈鼎〉、〈漸〉、〈歸妹〉、
〈豐〉、〈旅〉、〈巽〉、〈渙〉、〈中孚〉、〈既濟〉
等十八卦未見論述外，餘均有一筆或數筆。

3.繫辭上傳：將《二程集》中所錄二程易說，其中專就〈繫
　辭上傳〉論述者，分別歸入其所屬各章中。

4.繫辭下傳：將《二程集》中所錄二程易說，其中專就〈繫
　辭下傳〉論述者，分別歸入其所屬各章中。

5.說卦傳：將《二程集》中所錄二程易說，其中專就〈說卦
　傳〉論述者，分別歸入其所屬各章中，由於所收易數量不
　多，不另分章。

6.序卦傳：將《二程集》中所錄二程易說，其中專就〈序卦
　傳〉論述者歸入其中。

7.雜卦傳：未見二程易說，僅列其目。

8.其他：將原收錄於〈河南程氏文集〉之〈易序〉與〈易上
　下篇義〉，與〈河南程氏經說〉中之〈易說・繫辭〉，收
　錄於此。另將〈易說・繫辭〉其中內容，分別裁篇別出歸
　入本書第三〈繫辭上傳〉與第四〈繫辭下傳〉其所屬各章
　中。

9.附錄：共收錄文彥博〈明道先生墓表〉、朱熹〈伊川先生
　年譜〉、程顥〈邵堯夫先生墓誌銘〉、黃忠天〈論伊川易
　傳的價值與得失〉四篇文章。

三、二程易說的編纂體例

　　凡事物分類往往為提供研究的方便，在二程易說編纂過程
中，自亦不免面臨編纂與歸類的困擾，為求提供學者檢索的方

便，或避免檢索時因歸類可能造成的遺珠之憾，固宜在編排時另採若干興利除弊措施，茲說明如下：

(一)互見易說

《二程集》中所錄二程易說，雖大多數單就一卦一爻論述，然有時亦有就兩卦相關問題論述者，倘將此筆資料歸類於任一卦，終不免顧此而失彼，故宜採互見其文的方式解決之，如程頤〈答鮑若雨書並答問〉云：

> 《易》曰：「陰陽不測之謂神。」又曰：「神妙萬物而為言。」觀此，則佛氏所謂鬼神者妄矣。[1]

按：「陰陽不測之謂神」一句為〈繫辭傳上〉第五章語，而「神妙萬物而為言」為〈說卦傳〉第六章語，若以出現先後，宜將此筆資料歸類於〈繫辭傳上〉第五章，然為使學者翻閱〈說卦傳〉時不致疏漏，自宜採互見其文的方式，將資料兩見於〈繫辭傳上〉與〈說卦傳〉中，並於互見之處略加附註說明。

(二)直錄易說

《二程集》中所錄二程易說，有時直錄《周易》經傳原文，並未作任何評論，分類時，似可刪之，然為保留《二程集》所錄二程易說原貌，仍依其性質分別歸入其所屬經傳中。如程顥云：

> 易窮則變，變則通，通則久。[2]

---

[1] 見《二程集（上）・河南程氏文集卷第九・伊川先生文五・答鮑若雨書並答問》，頁 617。

[2] 見《二程集（上）・河南程氏遺書卷第十一・明道先生語一・師訓劉絢質夫錄》，頁 119。

按：本文爲劉絢質夫所錄明道先生語，收錄於《河南程氏遺書》中，本文直錄〈繫辭傳下〉第二章原文，並未作任何評論。又如程頤云：

> 書不盡言，言不盡意也。[3]

按：本文收錄於《河南程氏遺書卷第十八·伊川先生語四》中，乃直錄〈繫辭傳下〉第十二章原文，並未作任何評論。再如《河南程氏遺書》所錄程顥語：

> 敬以直內，義以方外，敬義立而德不孤。[4]

按：此文直錄〈坤卦·文言·六二〉原文，亦未作任何評論。由於《二程集》所錄有關二程對「敬以直內」一語，論述特別繁富，或亦反映二程於經傳此語，蓋有所推重，故亦不敢略去，以求慎重。今編纂二程易說時，仍依其性質歸入其所屬經傳，以供參考。

(三)排比重出易說

　　《二程集》中所錄二程易說，有重出者，有意近而文句略異者，此或因《二程集》所錄《遺書》、《外書》、《文集》、《遺文》、《粹言》等等，大多以語錄呈現，門弟子所記文字或有出入，亦或爲二程於不同時地所言者，兼以原散落在《二程

---

[3] 見《二程集（上）·河南程氏遺書卷第十八·伊川先生語四》，頁222。

[4] 在本句之下，另有「德不孤，與物同故不孤也」一句隨文附註，疑爲劉絢質夫錄其師訓所註。見《二程集（上）·河南程氏遺書卷第十一·明道先生語一·師訓　劉絢質夫錄》，頁117。

集》中之易說，今會集一處，尤易呈顯其或異或同現象，試以謝
師道與程明道論《易》事為例，《二程集》中所錄有三筆，如
下：

> 謝師直為長安漕，明道為鄠縣簿，論《易》及《春秋》。
> 明道云：「運使，《春秋》猶有所長，《易》則全理會不
> 得。」師直一日說與先生。先生答曰：「據某所見，二公
> 皆深知《易》者。」師直曰：「何故？」先生曰：「以運
> 使能屈節問一主簿，以一主簿敢言運使不知《易》，非深
> 知易道者不能。」（《遺書卷十九‧伊川先生語五》

> 謝公師直與程子論《易》，程子未之許也。公曰：「昔與
> 伯淳，亦謂景溫於《春秋》則可，《易》則未也。」程子
> 曰：「以某觀之，二公皆深於《易》者也。」公曰：「何
> 謂也？」子曰：「以監司論學，而主簿敢以為非，為監司
> 者不怒，為主簿者敢言，非深於《易》而何？」（《遺書
> 卷第二十一上‧伊川先生語七上‧師說》）

> 謝師直尹洛時，嘗談經，與鄙意不合，因曰：「伯淳亦
> 然。往在上元，某說《春秋》，猶時見取，至言《易》，
> 則皆曰非是。」頤謂曰：「二君皆通《易》者是也。監司
> 談經，而主簿乃曰非是，監司不怒，主簿敢言，非通
> 《易》能如是乎？」（《河南程氏文集卷第十‧伊川先生
> 文六》）

由上述可見，同屬一事，然所記則略有不同，在《二程集》中原
分別收錄於不同之三處，今鳩合匯整，排比羅列，尤可藉資比較

其間異同。

　　由於本書資料繁瑣，檢索核校費時，加上編纂時間前後相距甚久，恐內容或編排上或有未盡妥善之處，尙祈海內博雅君子與易學同好，不吝批評指敎爲幸。

導 讀

一、《周易程傳》的價值與侷限

歷代易學著作可謂牙籤萬軸，然《程傳》所以能獨步千古而為易學必讀經典者，除其書元明清三代列為官學外，更重要的是《程傳》具有兩種優點，其一是平實明白、說理精到。蓋能以淺近之言，寓醇實之理，故四庫館臣推譽為「言理精粹，自非漢唐諸儒可及。」（《四庫全書總目》・卷三・葉二）其二是因時立教切於世用。《程傳》借《易》以明理，循理以論事，而多淑世之言，故宋・魏了翁云：「程《易》明白正大，切於治身，切於用世，未易輕議，故無智愚皆知好之。[1]」因此，九百年來，《程傳》久為學者必讀之書，亦為詮釋易理，研究易學者相與討論對話的基礎。

程伊川積五十年之學，平生著書，惟見《程傳》，其畢生精力，於斯可見，雖然朱熹曾云：「程子高弟尹公嘗謂：《易傳》乃夫子自著，欲知道者，求於此足矣，不必旁觀他書。蓋語錄或有他人所記，未必盡得先生意」（《文公易說》卷十九）。不過，朱熹的說法若從知「道」的角度言，固然無誤，然而從知「二程易學」的研究角度來說，則有待商榷。其蘊含問題有三：

---

[1] 見點校補正《經義考》卷二十（臺北：中央研究院文哲所籌備處，1997年），頁455。

其一由於《程傳》在伊川生前未曾刊行，導致其亡歿後，書頗散亡，後雖復聚，仍存有重予校定衍生的問題；其二《程傳》本文只據王弼本註六十四卦，未註《繫辭》以下的問題；其三《二程集》中有關易說，[2] 頗稱繁富，有闡釋《周易》經傳者，有闡釋其他經傳而關涉《周易》者，單從《程傳》未能盡窺二程易學的問題。因此，藉由《程傳》以外諸文集、雜著、語錄，以及門弟子與時人著作所留存的程氏易說來重新校理與研究，實有其必要。因此，倘能就此部分，做全面、系統性的編纂，藉歸納整理，進而深入探討比較，相信必能有助於二程易學的研究。

二、二程易學的研究概況

　　國內外學術期刊針對程顥與程頤二兄弟易學研究者，除張豈之〈關於二程的易學思想及其他〉、戢鬥勇〈二程的「以易勝佛」與儒學的突變〉外[3]，其他並不多見。至於單就程頤易學部分的研究，則數量頗為可觀，大約在 140 篇（冊）以上。[4]

　　專著方面：陳延傑《周易程傳參正》（政治大學圖書館原抄本，約 1949 年）、林益勝《伊川易傳的處世哲學》（臺北：臺灣商務印書館，1978 年）、胡自逢《程伊川易學述評》（臺北：文史哲出版社，1995 年）、黃忠天《周易程傳註評》（高

---

[2] 見王孝魚點校《二程集》（北京：中華書局，2004 年）。本文中所引《二程集》即依此版本。

[3] 前者見於《西北大學學報》（哲學社會科學版）二期，1981 年 5 月，頁 9–15。後者見於《江西社會科學》，1989 年，第一期。

[4] 參見黃忠天《周易程傳註評》卷尾所附〈程頤易傳研究論著目錄〉（高雄：高雄復文圖書出版社，2014 年），頁 617–622。

雄：高雄復文圖書出版社，2000 年）、梁韋弦《程氏易傳導讀》（濟南：齊魯書社，2003 年）、蘇俊源《白話易程傳》（臺北縣：多識界圖書公司，2004 年）、姜海軍《程氏易學思想研究》（北京：北京師範大學出版社，2010 年）等七種。

　　碩士論文：有胡培基《周易程傳朱熹本義之比較研究》（香港珠海大學，1981 年）、江超平《伊川易傳研究》（臺灣師範大學，1986 年）、周芳敏《王弼及程頤易學思想之比較研究》（臺灣大學，1993 年）、蔡府原《從伊川易傳探伊川思想》（臺灣師範大學，2000 年）、陳京偉《時遇與人生──伊川易傳時的哲學發微》（山東大學，2000 年）、劉樂恒《程氏易傳研究》（華東師範大學，2006 年）、楊名等《周易程氏傳研究》（中國人民大學，2010 年）、薛名傑《程頤易學之研究》（中國文化大學，2012 年）等九書。

　　博士論文：有陳京偉《程伊川易學思想研究》（山東大學，2005 年）、毛炳生《程頤易傳探微》（華梵大學，2011 年）、楊于萱《程朱易之天人關係對比研究》（政治大學，2012 年）等三書。其他單篇論文則有百篇以上，可詳參黃忠天《周易程傳註評》卷尾所附〈程頤易傳研究論著目錄〉，茲不再一一臚列。

　　至於針對《二程集》中易說研究者，除龐萬里〈二程集中易序作者考辨〉（河南省社會科學院《中州學刊》，1992 年）；梅珍生〈《二程遺書》中的易學問題〉（中國哲學史學會《中國哲學史》，2013 年）；黃忠天〈二程集易說初探〉（山東大學《周易研究》，2006 年）、〈二程易說的編纂與研究〉、〈試論二程易說拾遺在易學史上之價值〉（高雄師範大學《經學研究

集刊》，2010 年）外，餘則罕見。

上述著作在 2000 年以前僅 40 餘篇（冊），惟之後，則如雨後春筍，竟達百篇之多，足見二程易學相關研究的方興未艾。

三、二程易說主要的內容

二程易說絕大多數散見在《二程集》。《二程集》為二程著作的總集，其中包含六大部分：《河南程氏遺書》二十五卷暨附錄一卷、《河南程氏外書》十二卷、《河南程氏文集》十二卷暨《遺文》一卷、《周易程氏傳》四卷、《河南程氏經說》八卷、《河南程氏粹言》二卷。二程易說即分別散入在這六大部分。其中在《遺書》、《外書》、《粹言》者，主要以語錄的方式呈現，在《文集》者則散見於雜著、書啓、遺文中。除此之外，伊川易說以單獨成篇或專書呈現者，其一集中於《經說》卷一〈易說〉，內容以解說〈繫辭〉為主；其二即為《周易程氏傳》四卷，分別包含〈易傳序〉、〈易序〉、〈上下篇義〉、〈周易上下經〉幾個部分。由於《二程集》中有關易說內容繁富，龐雜零散，閱讀不便。雖然宋時烈曾將《二程全書》分類編輯為《程書分類》一書，其中將所收錄二程易說，併為《易》類一卷，凡287 筆；（不含《程傳》一書），惟據筆者自《二程集》所輯得易說，則約有 600 餘筆，其中大部分為程頤（伊川）易說，亦有部分為程顥（明道）易說，其內容之繁富，誠有重新編纂整理的必要與價值。

(一)記錄《程傳》撰作與傳習

《程傳》為伊川先生積五十年之學，所完成唯一架構完整、

思慮謹嚴的著作，宋・尹焞云：「欲求先生之學，觀此足矣」，惟《程傳》撰作歷程、傳習情形，單從《程傳》一書，難得其詳，僅見其《程傳・序》自署「有宋元符二年己卯正月庚申河南程頤正叔序」，因此，欲瞭解《程傳》撰作與傳習，仍須借助《程傳》以外資料，特別是《二程集》。

〈繫辭〉云：「易之興也，其於中古乎？作《易》者，其有憂患乎？」觀伊川先生之《易傳》亦可謂憂患之作，由於伊川以天下自任，論議褒貶，無所迴避，致遭黨禍，哲宗紹聖四年二月（1097）詔毀伊川出身以來文字，放歸田里，十一月丁丑，復詔伊川涪州編管，時年六十五。哲宗元符三年（1100）正月移峽州編管。四月獲赦歸洛復官。徽宗崇寧二年（1103）又詔毀伊川文字禁絕講學，並盡逐學徒。大觀元年（1107），時年七十五歲卒，洛人畏黨籍，惟尹焞、張繹、范棫、孟厚四人助理葬事，一代大儒其晚年遭遇如此，誠天人同嘆。

《程傳》撰作始末，據《程氏遺書》云：「吾四十歲以前讀誦，五十以前研究其義，六十以前反覆紬繹，六十以後著書。」（卷二四，頁 314）研判其《易傳》，當潛心醞釀多時，不輕易著書[5]，真正動筆應自六十歲（1097 年）丁父憂服除，除直秘閣，判西京國子監始，而成書於六十七歲（1109 年）貶於四川涪州之時[6]，前後約八年。

---

[5] 如《程氏外書》卷十二云：「門弟子請問《易傳》事，雖有一字之疑，伊川必再三喻之，蓋其潛心甚久，未嘗容易下一字也。」，頁 440。

[6] 《程傳・易傳序》伊川自署元符二年成書，時尚在涪州，元符三年四月，方獲赦歸返洛陽。

　　不過，《程傳》成書以後，卻始終未曾出書，其主要原因，正如伊川所云：「某於《易傳》，殺曾下工夫。如學者見問，儘有可商量，書則未欲出之也。」[7] 又云：「某於《易傳》，今卻已自成書，但逐旋修改，期以七十，其書可出。……某於《易傳》，後來所改者無幾，不知如何？故且更期之以十年之功，看如何。」[8] 又云：「《易傳》未傳，自量精力未衰，尚冀有少進爾。然亦不必直待身後，覺老耄則傳矣。書雖未出，學未嘗不傳也。」[9] 從上述諸說中，可見《程傳》從成書迄其壽終，歷八年之久，祇因其用心審慎，冀有少進，故原期以三年修改後出書，後又期以十年，不意在第八年即因病辭世。以致《程傳》亦幾乎散亂亡佚。[10]

　　當然，《程傳》未能出書，除伊川對《易傳》一書始終審慎謹嚴，精益求精外；北宋末年之黨爭，導致哲宗、徽宗兩朝曾詔毀伊川文字，禁絕講學授徒，甚至門弟子於伊川卒後，仍因畏懼黨禍株連，竟不敢助理葬事，僅由尹焞等人料理之。無怪乎伊川生前窮約晦處、儉德避難，始終不願出書以邀譽賈禍。

7　《河南程氏遺書》卷五，頁 374。

8　《河南程氏遺書》卷十七，頁 174-175。

9　《河南程氏遺書》卷二十一，頁 271。

10　據楊時《跋》云：「伊川先生著《易傳》，方草具，未及成書，而先生得疾，將啟手足，以其書授門人張繹，未幾，繹卒，故其書散亡，學者所傳無善本。政和之初，予友謝顯道得其書於京師，示予，錯亂重複，幾不可讀。東歸待次毗陵，乃始校定，去其重複，踰年而始完。先生道學足為世師，而於《易》尤盡心焉，其微辭妙旨，蓋有書不能傳者，恨得其書晚，不及親受旨訓。」（見點校補正《經義考》卷二十，頁 453。）

　　至於《程傳》當日傳習，正如伊川所言「書雖未出，學未嘗不傳」，門人亦間或以《程傳》請益，如《河南程氏外書》云：「門弟子請問《易傳》事，雖有一字之疑，伊川必再三喻之」（卷十二，頁441），再如《外書》云：「和靜（尹焞）嘗以《易傳序》請問曰：『至微者，理也。至著者，象也。體用一原，顯微無間，莫太洩露天機否？』」伊川曰：「如此分明說破，猶自人不解悟。」（卷十二，頁431），另《外書》又云：「門弟子請益，有及《易》書者，方命小奴取書篋以出，身自發之，以示門弟子，非所請不敢多閱。」（卷十二，頁439）

　　由上述觀之，伊川確曾以《易傳》示門弟子，並與學子多所論《易》，惟其書始終未曾付梓，門弟子雖偶蒙賜閱，終不敢多閱，即如程門高足楊時，於伊川生前尚未能親受旨訓，待得其書時，卻又已錯亂重複，難以卒讀。雖然《程傳》於伊川生前未能廣爲流傳，死後亦幾遭散亡，然其說理精醇，切於時用，終能承先啓後，成爲宋以後學《易》者必讀經典，蓋其來有自矣。藉《二程集》諸易說，使吾人得以想見伊川《易傳》當日撰作與傳習光景，其學術價值，誠不可小覷。

(二)說明讀《易》之法

　　《二程集》多爲語錄之體，乃二程平日與師友門下講學論道的紀錄，其中論述易理者夥矣，其與門人論述讀《易》之法，尤彌足珍貴，誠堪學《易》之津筏，《程傳》一書雖偶或有之，惟其書旨在疏釋各卦各爻，終不若《二程集》可以暢論讀《易》之方，超然於卦爻之外。茲歸納其主要論說如下：

1.首重三家易學

《程傳》固為伊川生平之學之所在，然其書取資於前賢者不少，尤其《程傳》上承王弼以來義理派易學傳統，集義理易學之大成，而為義理易學經典名作，吾人除藉由《二程集》可探求其易學淵源外，亦可藉茲知讀《易》之門徑。如伊川與金堂謝君（湜）書云：

> 若欲治《易》，先尋繹令熟，只看王弼、胡先生、王介甫三家文字，令通貫，餘人易說，無取枉費功。[11]

又《遺書》云：

> 《易》有百餘家，難為徧觀。如素未讀，不曉文義，且須看王弼、胡先生、荊公三家。理會得文義，且要熟讀，然後卻有用心處。[12]

由伊川獨推三家易學，或許正如宋·陳振孫所云：「文義坦明、象數殆盡」之故[13]，此與伊川揭櫫「由辭以得意」之主張實相契合。伊川曾答張閎中云：

---

[11]《二程集（上）·河南程氏文集卷第九·伊川先生文五·與金堂謝君書》，頁613。

[12]《二程集（上）·河南程氏遺書卷第十九·伊川先生語五》，頁248。

[13]如陳氏《直齋書錄解題》卷一：「新安王炎晦叔嘗問南軒曰：『伊川令學者先看王輔嗣、胡翼之、王介甫三家，何也？』南軒曰：『三家不論互體故云爾。然雜物撰德，具於中爻，互體未可廢也。』南軒之說雖如此。要之，程氏專治文義，不論象數。三家者，文義皆坦明，象數殆於掃除略盡，非特互體也。」（臺北：廣文書局《書目續編》，1967年）

> 有理而後有象，有象而後有數。《易》因象以明理，由象
> 以知數，得其義則象數在其中矣。必欲窮象之隱微，盡數
> 之毫忽，乃尋流逐末，術家之所尚，非儒者之所務也，管
> 輅、郭璞之學是也。[14]

由是觀之，伊川繼承王弼以來義理派「得意忘象」的論點，指出
儒者與術家治《易》態度方式之異同，伊川與師友弟子論述讀
《易》諸點，學者於治《易》之門徑，當知所從事矣。

　2.先識卦體卦義

　　由於易道即天道，易理即天理，卦爻始立，義理即寄寓其
中。所以伊川教人讀《易》先識卦義，如其所言：

> 古之學者，先由經以識義理。蓋始學時，盡是傳授。後之
> 學者，卻先須識義理，方始看得經。如《易》，〈繫辭〉
> 所以解《易》，今人須看了《易》，方始看得〈繫辭〉。[15]

又云：

> 古之學者，皆有傳授。如聖人作經，本欲明道。今人若不
> 先明義理，不可治經，蓋不得傳授之意云爾。如〈繫辭〉
> 本欲明《易》，若不先求卦義，則看〈繫辭〉不得。[16]

伊川教人讀《易》雖主張應先識卦義，然伊川所謂「先識卦義」
並非僅著重在字義的解釋，而是包含「一卦之理」，故《程傳》
一書旨在借《易》以明理，循理以論道，既明白一卦的義理，自

---

[14]《二程集（上）‧河南程氏遺書》卷二十一，頁 271。

[15]《二程集（上）‧河南程氏遺書》卷十五，頁 164–165。

[16]《二程集（上）‧河南程氏遺書》卷二，頁 13。

然「始看得經」，並可發揮易用。由上述觀之，伊川揭櫫讀
《易》本末先後之說，即以卦義（理）爲本，以卦體爲本，而以
窮字句訓詁，窮象數隱微爲末；以〈卦爻辭〉爲本，以〈繫辭
傳〉爲末，學者苟能知其本末，明此全體大用，方不失學《易》
之本務，而能發揮經世致用的功能。

(三)闡述經傳義理

《二程集》中有關易說，頗稱繁富，有闡釋《周易》經傳
者，有闡釋其他經傳而關涉《周易》者，有文字近於《程傳》
者，亦有闡述《周易》經傳，而其文句未見於《程傳》者，現就
其較重要的思想義理分述如下：

1.以理為核心

程頤爲宋代儒理易學之代表，其易學以闡發儒理爲主要釋
《易》方式，其中又以「理」爲其思想核心。試觀《河南程氏遺
書》卷二下曾載二先生語，云：

> 卜筮之能應，祭祀之能享，亦只是一箇理。著龜雖無情，
> 然所以為卦，而卦有吉凶，莫非有此理。以其有是理也，
> 故以是問焉，其應也如響。若以私心及錯卦象而問之，便
> 不應，蓋沒此理。今日之理與前日已定之理，只是一箇
> 理，故應也。至如祭祀之享亦同。鬼神之理在彼，我以此
> 理向之，故享也。不容有二三，只是一理也。如處藥治
> 病，亦只是一箇理。此藥治簡如何氣，有此病，服之即
> 應，若理不契，則藥不應。[17]

---

[17]《二程集（上）・河南程氏遺書卷第二下・二先生語二下・附東見
錄後》，頁 51-52。

由上文可知二程認為「卜筮能應」、「祭祀能享」、「處藥治病」，只是一箇理。宇宙萬事萬物之所以可能，之所以存在，無非只是一箇理，故「理」之一字，可謂為程頤思想義理的核心與根源。程頤又謂：「天者理也」[18]、又說：「命之曰《易》，便有理」[19]，由於易理即天理，故卦爻始立，義理即寄寓其中，能「盡天理，斯謂之易。」至於「理」的性質為何？程頤復進一步闡述：

> 理有盛衰，有消長，有盈益，有虛損。順之則吉，逆之則凶。君子隨時所尚，所以事天也。[20]

又云：

> 理善莫過於中。中則無不正者，而正未必得中也。[21]

依程子之意，君子隨時所尚，即所以事天，即合於中道，倘合於中道，便能合於「理」，蓋「理善莫過於中」也。以《程傳》一書而言，其撰述宗旨無非在借《易》以明理，循理以論道，倘明白一卦之理，自然可通經致用，此亦為伊川何以崇義理而黜象數的緣故，因為，「理」究為無形，故藉「象」以說明其理。「理」又寄寓在卦爻辭中，藉由卦爻辭不僅可以觀「象」，亦可

---

[18]《二程集（上）・河南程氏遺書卷第十一・明道先生語一・師訓劉絢質夫錄》，頁 132。

[19]《二程集（上）・河南程氏遺書卷第二上・二先生語二上・元豐己未呂與叔東見二先生語》，頁 32。

[20]《二程集（下）・河南程粹言卷第一・論道篇》，頁 1175。

[21]《二程集（下）・河南程粹言卷第一・論道篇》，頁 1175。

以明「理」。所以苟得其義，則象數在其中矣。[22] 所以，易有聖人之道四焉－辭變象占，均無非在闡明一箇「理」字。

2.以敬為工夫

「涵養須用敬，進學則在致知」[23] 為伊川治學名言。其中「敬」的觀念，呈現於二程易說者，尤處處可見，二程更藉〈坤卦六二·文言〉：「君子敬以直內」來闡發其義，如二程易說中所錄者即達 24 筆之多，幾佔二程易說涉及〈坤卦·文言〉十之七八，亦佔涉及〈坤卦〉者十之六七 [24]，試列若干條如下：

◎「敬以直內，義以方外」，合內外之道也。[25]

◎心敬則內自直。[26]

◎彥明嘗言：先生教人，只是專令用敬以直內，若用此理，則百事不敢輕為，不敢妄作，不愧屋漏矣。習之既久，自然有所得也。因說往年先生歸自涪陵，日日見之。一日，因讀《易》至「敬以直內」處，因問先生，「不習無不利」時，則更無睹，當更無計較也耶？先生深以為然。且曰：「不易見得如此，且更涵養，不要輕

---

[22] 理無形也，故因象以明理。理既見乎辭矣，則可由辭以觀象。故曰：得其義，則象數在其矣。參見《二程集（上）·河南程氏文集卷第九·伊川先生文五·答張閎中書》，頁 615。

[23]《二程集（上）·河南程氏遺書卷第十八·伊川先生語四》，頁 188。

[24] 二程易說中所錄〈坤卦〉者有 7 筆，所錄〈坤卦·文言〉者有 31 筆。

[25]《二程集（上）·河南程氏遺書卷第十一·明道先生語一·師訓劉絢質夫錄》，頁 118。

[26]《二程集（上）·河南程氏外書卷第七·胡氏本拾遺》，頁 392。

說。」[27]

◎學者不必遠求，近取諸身，只明人理，敬而已矣，便是
約處。《易》之〈乾卦〉言聖人之學，〈坤卦〉言賢人
之學，惟言「敬以直內，義以方外，敬義立而德不
孤」。至於聖人，亦止如是，更無別途。[28]

◎敬義夾持，直上達天德自此。[29]

◎切要之道，無如「敬以直內」。[30]

◎主一之謂敬。所謂一者，無適之謂一。且欲涵泳主一之
義，一則無二三矣。言敬，無如聖人之言。《易》所謂
「敬以直內，義以方外」，須是直內，乃是主一之義。
至於不敢欺、不敢慢、尚不愧於屋漏，皆是敬之事也。
但存此涵養，久之自然天理明。[31]

◎問：「人有專務敬以直內，不務方外，何如？」曰：
「有諸中者，必形諸外。惟恐不直內，內直則外必
方。」[32]

◎「君子敬以直內，義以方外」，為學本。[33]

[27] 《二程集（上）‧河南程氏外書卷第十二‧傳聞雜記》，頁444。

[28] 《二程集（上）‧河南程氏遺書卷第二上‧二先生語二上‧元豐己
未呂與叔東見二先生語》，頁20。

[29] 《二程集（上）‧河南程氏遺書卷第五‧二先生語五》，頁78。

[30] 《二程集（上）‧河南程氏遺書卷第十五‧伊川先生語一‧入關語
錄》，頁152。

[31] 《二程集（上）‧河南程氏遺書卷第十五‧伊川先生語一‧入關語
錄》，頁169。

[32] 《二程集（上）‧河南程氏遺書卷第十八‧伊川先生語四》，頁
185。

[33] 《二程集（上）‧河南程氏外書卷第一‧朱公掞錄拾遺》，頁
351。

綜合上述諸說，二程易說中所錄有關〈坤卦六二‧文言〉：「敬以直內」者，蓋繁富可見，足證「敬」之一事，確為二程易說所特重，亦為為學之本。無怪乎二程，只是專令用「敬以直內」教人，而聖人之學、賢人之學，亦止於如是，更無別途。雖然二程易說中所錄究何者為明道語？何者為伊川語？有時並非判然清楚，然從二程兄弟對於「敬以直內」論述之頻繁，其二人對此理解與重視，看來殊無二致。

(四)評論前人易說

「周因於殷禮，所損益可知也」，伊川《易傳》自亦有因襲損益而踵繼前賢者，唯伊川亦有不滿於前人易說者，如〈復‧彖〉：「復其見天地之心乎」下，伊川注云：

> 一陽復於下，乃天地生物之心也。先儒皆以靜為見天地之心，蓋不知動之端，乃天地之心也，非知道者，孰能識之。

注中伊川雖不滿王弼、孔穎達、周敦頤等以靜為見天地之心，而謂「動之端，乃天地之心」，然即或不滿，亦未嘗直指其名以駁之也。至於全書中直引其名者，如胡瑗等，則多持肯定之論 [34]，惟吾人倘欲觀其評論前賢者，仍必須參閱《二程集》等有關易說。在《二程集》諸易說中，伊川直指其名者有揚雄、王弼、韓康伯、劉牧、胡瑗、邵雍、王安石等人，茲分述如下：

1.評揚雄易說

揚雄字子雲，蜀郡成都人（今四川成都）。生於西漢宣帝甘

---

[34] 如〈大畜‧上九〉、〈漸‧上九〉等是。

露元年（B.C. 53 年）年卒於莽天鳳五年（18 年）少而好學，不
為章句，訓詁通而已。喜獨處、好沉思為人簡易舒緩，口吃不能
疾言，顧嘗好辭賦。年四十餘，自蜀來游京師，大司馬車騎將軍
王音奇其文雅，召以為門下史，荐雄待詔，歲餘，奏《羽獵
賦》，除為郎，給事黃門，與王莽、劉歆並。哀帝之初，又與董
賢同官。當成、哀、平間，莽、賢皆為三公，權傾人主，所荐莫
不拔擢，而雄三世不徙官。及莽篡位，談說之士用符命稱功德獲
封爵者甚衆，雄復不侯，以耆老久次轉為大夫，恬於勢利乃如
是。實好古而樂道，其意欲求文章成名於後世，以為經莫大於
《易》，故作《太玄》；傳莫大於《論語》，作《法言》；史篇
莫善於《倉頡》，作《訓纂》；箴莫善於《虞箴》，作《州
箴》；賦莫深於《離騷》，反而廣之；辭莫麗於相如，作四賦；
皆斟酌其本，相與放依而馳騁云。劉歆嘗觀其書，謂雄曰：「空
自苦！今學者有祿利，然向不能明《易》，又如《玄》何？吾恐
后人用覆醬瓿也。」雄笑而不應。年七十一，天鳳五年卒。[35]

　　揚雄仿《易》而著《太玄》，其書內容以老子之道為基本原
理，仿《易經》構造，配上陰陽家的曆數，復與儒家倫理觀相附
會，組成一龐雜體系。然其書久稱絕學，罕見傳習。對於揚雄的
《太玄》伊川曾有所評論云：

　　　問：「《太玄》之作如何？」曰：「是亦贅矣。必欲撰
　　　《玄》，不如明《易》。邵堯夫之數，似《玄》而不同。
　　　數只是一般，但看人如何用之。雖作十《玄》亦可，況一

---

[35] 見《漢書・揚雄傳》卷八十七（臺北：鼎文書局，1978 年），
　　頁 3513–3585。

《玄》乎？」 [36]

又云：

> 作《太玄》本要明《易》，卻尤晦如《易》，其實無益，
> 真屋下架屋，牀上疊牀。他只是於《易》中得一數為
> 之，於厤法雖有合，只是無益。今更於《易》中推出來，
> 做一百般《太玄》亦得，要尤難明亦得，只是不濟事。 [37]

從上述兩則中，伊川批評揚雄者，主要以《太玄》一書，其晦澀
難明，更勝於《易》，所以「其實無益，真屋下架屋，牀上疊
牀」，從中也反映出伊川易學的基本立場，即著重曉然明白的義
理，欲求切於世用。

2.評王弼、韓康伯易說

　　王弼字輔嗣，三國魏山陽人。好論道，辭才逸辯，為尚書
郎。正始十年（249年）秋遇癘疾卒，時年二十四。弼注《周
易》及《老子》，其《易注》有六卷，《略例》一卷。韓伯字康
伯，晉潁川長社人（今河南長葛東北）。據《晉書》本傳，康伯
少聰慧，及長，清和有思理，留心文藝。舉秀才，徵佐著作郎，
並不就。簡文帝居藩，引為談客，自司徒左西屬轉撫軍掾、中書
郎、散騎常侍、豫章太守，入為侍中。後轉丹楊尹、吏部尚書、
領軍將軍。既疾病，朝廷改授太常，未拜，卒，時年四十九。王
弼注《周易》，未及〈繫辭〉等傳，康伯補之，為〈繫辭注〉二

---

[36]《二程集（上）‧河南程氏遺書卷第十八‧伊川先生語四》，頁
231。

[37]《二程集（上）‧河南程氏遺書卷第十九‧伊川先生語五》，頁
251。

卷，另〈說卦〉、〈序卦〉、〈雜卦〉合爲一卷。

韓氏遵循王弼掃象的精神，以義理解《易》，是以後世易家於其易學，褒貶不一，如《四庫提要》云：「平心而論，闡明義理，使《易》不雜于術數者，弼與康伯深爲有功，祖尚虛無，使《易》竟入于老莊者，弼與康伯亦不能無過。」

《經典釋文》引王儉《七志》云：「弼《易注》十卷。」新舊《唐書》藝文志、經籍志亦然，蓋合韓《注》而計之也。其《易》黜象數而言義理，足以糾讖緯之失，而雜以老莊，亦開後世玄虛之漸，故宋趙師秀詩云：「輔嗣易行無漢學」。

程頤易學其得之於王弼者不少，如其論讀《易》，每勸人先讀王弼、胡先生、王介甫三家易（說如前），可見其對王弼易學之推重。觀其對王弼的批評，如下：

> 王弼注《易》，元不見道，但卻以老、莊之意解說而已。[38]

又如：

> 自孔子贊《易》之後，更無人會讀《易》。先儒不見於書者，有則不可知；見於書者，皆未盡。如王輔嗣、韓康伯，只以莊、老解之，是何道理？[39]

由上述二則觀之，程氏云所批評者，主要著眼於王弼、韓康伯易說均以老莊解《易》，程頤一方面繼承王弼、韓康伯掃象而以義

---

[38]《二程集（上）・河南程氏遺書卷第一・二先生語一》，頁8。
[39]《二程集（上）・河南程氏外書卷第五・馮氏本拾遺》，頁374。

理詮釋易理的系統；一方面則繼承北宋胡瑗以儒理解《易》的精神，取代王、韓《易注》雜以老莊，空衍玄虛之弊，而成為儒理宗易學重要的代表人物。

3.評劉牧易說

劉牧（1011–1064 年）字先之，號長民，北宋衢州西安人（今浙江衢縣），世稱長民先生。舉進士第，歷官州軍事推官、觀察推官、後移荊湖北路轉運判官，旋卒，家貧無以為喪，其清介若此。[40] 其學源於陳摶、种放，與邵雍先天之學異派同源，曾受《易》於范諤昌，精於河洛之學，善講陳摶《龍圖易》天地五十有五之數，並提出「圖九書十說」、「太極說」、「象由數設」等等觀點，為北宋易學象數圖書派之代表人物。其易學著作，據朱彝尊《經義考》所載有《新注周易》十一卷、《卦德通》一卷、《周易先儒遺論九事》一卷、《易數鈎隱圖》一卷等。由於二程易學著重借《易》以明理，循理以論道，故其易說多崇義理而黜象數，是以《二程集》所錄易說，於主象數圖書之學的劉牧實多所批判，試舉一二事為例，如伊川云：

> 或問：「劉牧言上經言形器以上事，下經言形器以下事。」曰：「非也。上經言雲雷〈屯〉，雲雷豈無形耶？」曰：「牧又謂上經是天地生萬物，下經是男女生萬物。」曰：「天地中只是一箇生。人之生於男女，即是天地之生，安得為異？」曰：「牧又謂〈乾〉、〈坤〉與〈坎〉、〈離〉男女同生。」曰：「非也。譬如父母生男

---

[40] 其事見清・陸心源輯《宋史翼》卷二十三（臺北：鼎文書局新校本宋史并附編，1983 年），頁 7–8。

女，豈男女與父母同生？既有〈乾〉、〈坤〉，方三索而
得六子。若曰〈乾〉、〈坤〉生時，六子生理同有，則有
此理。謂〈乾〉、〈坤〉、〈坎〉、〈離〉同生，豈有此
事？既是同生，則何言六子耶？」[41]

又如《遺書》卷第十八，伊川云：

問：「劉牧以〈坎〉、〈離〉得正性，〈艮〉、〈巽〉得
偏性，如何？」曰：「非也。佗據方位如此說。如居中位
便言得中氣，其餘豈不得中氣也？」或曰：「五行是一
氣。」曰：「人以為一物，某道是五物。既謂之五行，豈
不是五物也？五物備然後能生。且如五常，誰不知是一箇
道？既謂之五常，安得混而為一也？」[42]

在上述二則中，伊川主要從義理角度批判劉牧易學觀點，蓋前者
劉牧將上下經分屬天人，以上經為形而上之道，以下經為形而下
之器，故有「上經是天地生萬物」、「下經是男女生萬物」，如
是割裂天人，毋怪乎為程頤所質疑！後者劉牧以坎、離得正性，
艮、巽得偏性，此或受「四正」、「四隅」八卦方位之說的影
響，於是謂坎、離得正性，艮、巽得偏性，似此以方位分判正
偏，猶如以上下經分判天人，恐有違易道周流六虛，變動不居之
精神，亦與向來主張「有理而後有象，有象而後有數。《易》因
象以明理，由象以知數，得其義則象數在其中矣。必欲窮象之隱

---

[41]《二程集（上）・河南程氏遺書卷第十八・伊川先生語四》，頁
223。

[42]《二程集（上）・河南程氏遺書卷第十八・伊川先生語四》，頁
223。

微，盡數之毫忽，乃尋流逐末，術家之所尚，非儒者之所務」的程伊川，必有所扞格也。

4.評胡瑗易說

胡瑗（993–1059年）字翼之，北宋泰州如皋人（今江蘇如皋縣）。諡文昭，祖籍安定（今山東范縣東），故學者稱安定先生。歷任蘇、湖二州教授、太子中允、天章閣侍講，以太常博士致仕。胡瑗教授四十餘年，學者數千，禮部所得士，瑗弟子十常居四五，造就人才無數，與泰山先生孫復、徂徠先生石介，並稱宋初三先生，胡氏明於《易》理，《宋史・藝文志》曾列有《胡瑗易解》十二卷、《口義》十卷、《繫辭說卦》三卷，惟朱彝尊《經義考》引李振裕之說云：「安定講授之餘，欲著述而未逮，倪天隱述之，以其非師之親筆，故不敢稱《傳》，而名之曰《口義》，傳諸後世，或稱《傳》，或稱《口義》，各從其所見，無二書也。」（卷十七・葉六）足見《易解》、《口義》為一書明矣！《宋志》蓋誤分為二也。胡氏說《易》以義理為宗，崇尚實學而棄去玄虛，故雖承繼王弼、孔穎達之注疏，卻不蹈其老莊玄旨，而以儒理人事釋《易》，明體用之說，影響所及，尤以儒理、史事兩派易學為最。

在《二程集》所錄易說中，伊川於揚雄、王弼、劉牧、王安石諸人，或略有微辭，惟其易說即或與其師胡瑗立論有別，然未嘗有絲毫批評之意。如《遺書》云：

> 問：「胡先生解九四作太子，恐不是卦義。」先生云：
> 「亦不妨，只看如何用。當儲貳，則做儲貳。使九四近
> 君，便作儲貳亦不害，但不要拘一。若執一事，則三百八

十四爻只作得三百八十四件事便休也。」[43]

伊川曾於〈屯卦上六〉注云：「夫卦者，事也。爻者，事之時也。分三而又兩之，足以包括眾理，引而伸之，觸類而長之，天下之能事畢矣。」[44] 以伊川「引而伸之，觸類而長之」之主張，對於胡瑗以「太子」作實〈乾卦〉九四，伊川必不認同，然亦未嘗有責難之意。祇是說明當「看如何用」，但不拘執一事，「便作儲貳亦不害」。相較於其品評劉牧、王安石等人，伊川於胡瑗蓋可謂「尊師重道」、「溫柔敦厚」之至。

　　5.評邵雍易說

　　邵雍（1011–1077 年），字堯夫，自號安樂，諡康節，先世河北范陽人，幼隨父遷共城（今河南輝縣），共城令李之才曾授以「物理性命之學」，遂通河圖、洛書，宓犧八卦、六十四卦圖象等象數之學，其學一反王弼以來之義理易風，而植基於漢代之象數派易學，結合道教與易理思想，為理學之命題作論證，使易學成為理學之一部分，故為北宋理學的重要人物。邵氏據《易傳》有關八卦形成的解釋，參雜道教思想，虛構一宇宙構造圖式與學說體系，以成其象數之學，而有《皇極經世書》，開創宋明以來象數學的規模與傳統，其先天八卦圖排列方位，更往往為後代治象數及術數易者的基本依據。

　　由於二程與邵雍同居一巷，彼此相善，《二程集》中頗載其相與論《易》之事，試錄數則如下：

[43]《二程集（上）‧河南程氏遺書》卷十九，頁 249。
[44] 見〈屯卦‧上六‧象〉

堯夫《易》數甚精。自來推長厤者，至久必差，惟堯夫不然，指一二近事，當面可驗。明道云：「待要傳與某兄弟，某兄弟那得工夫？要學，須是二十年工夫。」明道聞說甚熟，一日因監試無事，以其說推算之，皆合，出謂堯夫曰：「堯夫之數，只是加一倍法，以此知《太玄》都不濟事。」堯夫驚撫其背，曰：「大哥你恁聰明！」伊川謂堯夫：「知《易》數為知天？知《易》理為知天？」堯夫云：「須還知《易》理為知天。」因說今年雷起甚處。伊川云：「堯夫怎知某便知？」又問甚處起？伊川云：「起處起。」堯夫愕然。他日，伊川問明道曰：「加倍之數如何？」曰：「都忘之矣。」因歎其心無偏繫如此。[45]

又如：

堯夫說《易》好，今夜試來聽他說看。[46]

再如：

問：「《太玄》之作如何？」曰：「是亦贅矣。必欲撰《玄》，不如明《易》。邵堯夫之數，似《玄》而不同。數只是一般，但看人如何用之。雖作十《玄》亦可，況一《玄》乎？」[47]

---

[45]《二程集（上）・河南程氏外書卷第十二・傳聞雜記》，頁428。

[46] 一作「說先天圖甚有理，可試往聽他說看。」見《二程集（上）・河南程氏文集・遺文・與橫渠簡》，頁672

[47]《二程集（上）・河南程氏遺書卷第十八・伊川先生語四》，頁231。

由上述二程易說所錄二程兄弟與邵雍論《易》事，足見二程於邵雍易數，頗爲推重。惟伊川所重者究竟在一「理」字，故於邵雍所精之「數」，並未嘗措意，依伊川之見，蓋知易理方爲知天，純任易數未爲知天也。

6.評王安石易說

王安石（1021-1086 年）字介甫，號半山，北宋撫州臨川人（今江西臨川）。仁宗慶曆三年（1043 年）進士，博聞強記，爲文精妙。初知鄞縣，神宗熙寧二年（1069 年）拜中書門下平章事，力主變風俗、立法度，實行變法，失敗後，退居江寧半山園，封舒國公，改荊國公，世稱荊公。著有《周官新義》、《論語解》、《孟子解》、《臨川集》、《臨川集拾遺》，於《易》有《易解》十四卷，晁公武《郡齋讀書志》云：「介甫《三經義》皆頒學官，獨《易解》自謂少作未善，不專以取士。」[48] 今其書已佚。惟《二程集》中伊川曾就其易學評論如下：

> 荊公言，用九只在上九一爻，非也。六爻皆用九，故曰：「見群龍无首吉。」用九便是行健處。「天德不可為首」，言〈乾〉以至剛健，又安可更為物先？為物先則有禍，所謂「不敢為天下先」。〈乾〉順時而動，不過處，便是不為首，六爻皆同。[49]

按此爲伊川評王安石以用九只在上九一爻之非，認爲凡六爻皆宜

---

[48] 見點校補正《經義考》卷十九（臺北：中研院中國文哲所古籍整理叢刊，1997 年），頁 435。

[49] 《二程集（上）‧河南程氏遺書卷第十九‧伊川先生語五》，頁248-249。

用九，蓋有不為物先之意。又如〈坤卦六二〉：「直方大」，伊川云：

> 介甫解「直方大」云：「因物之性而生之，直也；成物之形而不可易，方也。」人見似好，只是不識理。如此，是物先有箇性，〈坤〉因而生之，是甚義理？全不識也。[50]

王安石以「因物之性而生之」解「直方大」之意，的確有違生成之理，如〈乾卦‧象〉：「乾道變化，各正性命」，此句揭示生命乃由天道變化而化生，既生之，則各隨物類賦予其情性與生命，是先有箇「生」而後有箇「性」，荊公顛倒其序，毋怪乎伊川謂其「全不識也」。伊川弟子楊時亦曾評之曰：

> 荊公於《易》，只是理會文義，未必心通。《易》不比他經，須心通始得。[51]

伊川曾評劉牧但「窮文義，徒費力」[52]，謂讀「易須是默識心通」，以之比附荊公易學，似亦可等量視之。不過安石或有自知之明，故其《三經義》皆頒學官，獨《易解》自謂少作未善，不敢援以取士，以一代名儒，其《易解》竟至不傳，蓋其來有自矣！

《程傳》為伊川畢生心力所在，故語多審慎謹嚴，多所隱諱，其散見《二程集》之易說，則為平日與弟子問答之語錄，故語多直

50《二程集（上）‧河南程氏遺書卷第十九‧伊川先生語五》，頁251。

51 見點校補正《經義考》卷十九，頁435。

52《二程集（上）‧河南程氏遺書卷第十八‧伊川先生語四》，頁224。

率真切，然從其論述前賢易說，尤可顯發其易學思想，非徒爲議論而議論耳。

四、二程易說與《程傳》的關係

　　《程傳》爲伊川一生代表作，於《二程集》中其份量佔四分之一篇幅，首尾完整，單獨刊行久矣。唯散見於《二程集》的其他易說，亦復不少，故本節擬援之以比較兩者之關係，俾能普遍而深入掌握伊川易學。以下擬從三方面敘述《二程集》易說在《程傳》研究上之價值。

（一）藉資讎校《程傳》

　　據程頤門人楊時《跋》云：「伊川先生著《易傳》，方草具，未及成書，而先生得疾，將啓手足，以其書授門人張繹，未幾，繹卒，故其書散亡，學者所傳無善本。政和之初，予友謝顯道得其書於京師，示予，錯亂重複，幾不可讀。東歸待次毗陵，乃始校定，去其重複，踰年而始完」（《經義考》卷二十引）呂祖謙亦《跋》云：「伊川先生遺言見於世者，獨《易傳》爲成書，傳摹浸舛，失其本眞，學者病之。某舊所藏本出尹和靖先生家，標注皆和靖親筆。近復得新安朱元晦所訂，讐校精甚，遂合尹氏、朱氏書，與一、二同志手自參定，其同異兩存之，以待知者。既又從小學家是正其文字，雖未敢謂無遺憾，視諸本亦或庶幾焉。」

　　從上述諸論觀之，《程傳》由於在伊川生前，始終未曾刊行，以致其亡歿後，書頗散亡，幸賴門下諸弟子及朱熹、呂祖謙等人多所校定，使後學得以觀其書。不過從散亂至重新校訂過程

中，或仍存在魯魚亥豕、同異兩存、失其本真等等問題，值得吾人進一步研究觀察，進而藉由《程傳》以外諸文集、雜著、語錄，以及門弟子與時人著作所存的程氏易說來重新校理。

《程傳》於伊川生前始終未肯出書，伊川歿後，又幾至散亡，賴先生門高弟楊時、尹焞等蒐羅校定，始成完書，惟《程傳》渙而復萃，佚而復存，楊、尹諸人於校定時，或有取資於門弟子論述，及二程遺文語錄者，況龜山另訂定有《程氏粹言》諸書，於校定《程傳》之際，參校斟酌，亦極尋常。如《程傳》於〈无妄〉序云：

> 震，動也。動以天為无妄，動以人欲則妄矣，无妄之義大矣哉！

《程氏外書》則謂：

> 《易·无妄》曰：「天下雷行物與无妄。」動以天理故也。其大略如此，又須研究之，則自有得處。[53]

相較二書及《程傳》上下文，則《程傳》「動以天」一句，似不如《程氏外書》「動以天理」為明白。不過，整體而言，《程傳》由於為專門著作，相較於語錄體之《二程集》諸易說，遣詞用字，顯然較為嚴謹。如〈蒙·上九〉：「擊蒙，不利為寇，利禦寇。」《程傳》注云：

> 九居蒙之終，是當蒙極之時……若舜之征有苗，周公之誅三監，禦寇也；秦皇漢武窮兵誅伐，為寇也。

---

[53] 《二程集（上）·河南程氏外書卷第十一·時氏本拾遺》，頁414。

觀《粹言》則云：

> 或問：「〈蒙〉之上九，不利為寇。夫寇亦可為，而聖人
> 教之以利乎？」子曰：「非是之謂也。昏蒙之極；有如三
> 苗者，征而誅之，若秦皇、漢武窮兵暴虐，則自為寇
> 也。」[54]

比較兩者，《程傳》文字較具體明白，而「窮兵誅伐」亦較「窮
兵暴虐」為妥，蓋「誅伐」可兼用內外，而「暴虐」則多於對
內，似與秦皇漢武窮兵之意不類。再如〈大畜・六四〉：「童牛
之牿」，《程傳》注云：

> 人之惡，止於初則易，既盛而後禁，則扞格而難勝，故上
> 之惡既甚，則雖聖人救之，不能免違拂；下之惡既甚，則
> 雖聖人治之，不能免刑戮。

觀《粹言》則云：

> 止惡當於其微，至盛而後禁，則勞而有傷矣。君惡既甚，
> 雖聖人救之，亦不免咈違也。民惡既甚，雖以聖人治之，
> 亦不免於刑戮也。[55]

比較兩者文意相同，唯《程傳》改「君」為「上」，改「民」為
「下」，義較寬廣，亦能免於文字賈禍之患，其用字審慎如此，
亦可見《易傳》應屬伊川晚年定稿，無疑。正如《遺書》所云：
「某於《易傳》，後來所改者無幾。」（卷十七，頁 175），由

---

[54]《二程集（下）・河南程粹言卷第一・論書篇》，頁 1206。

[55]《二程集（下）・河南程粹言卷第二・君臣篇》，頁 1243。

上述諸例觀之，應屬可信。《二程集》易說與《程傳》可爲對比相校者甚多，誠可供治《程傳》時的參考。

(二) 藉資發明《程傳》

如前文所云《二程集》易說甚夥，其見於《程傳》文句稍異者，固可藉以讎校《程傳》；其未見於《程傳》者，固足以輔翼或增補《程傳》；另其觀念思想近似《程傳》者，或《程傳》敘述未明者，均可援二程易說以闡發《程傳》，如《程傳》於〈小畜卦〉序云：

> 小畜，謂以小畜大，所畜聚者小，所畜之事小，以陰故也。

《遺書》則云：

> 或以〈小畜〉爲臣畜君，以〈大畜〉爲君畜臣。先生云：「不必如此。〈大畜〉只是所畜者大，〈小畜〉只是所畜者小，不必指定一件事。便是君畜臣，臣畜君，皆是這箇道理，隨大小用。」[56]

觀《遺書》論述〈小畜〉卦旨，非侷限「以臣畜君」立論，而謂「君畜臣」亦是此理，頗能發明《程傳》，並深契易道變動不居，唯變所適的精神。又如〈蠱卦・象〉：「君子以振民育德」，《程傳》注云：

> 君子觀有事之象，以振濟於民，養育其德也。在己則養

---

[56]《二程集（上）・河南程氏遺書卷第十九・伊川先生語五》，頁250。

德；於天下則濟民，君子之所事，无大於此二者。

觀《遺書》則云：

> 先生曰：「〈蠱〉之〈象〉：『君子以振民育德』。君子
> 之事，惟有此二者，餘無他為。二者，為己為人之道
> 也。」[57]

　　比較上述二說，伊川皆從內聖外王兩者論「振民育德」之
意，其精神實無別也，然兩相參看，則更具體明白。再如〈姤
卦·九五〉：「以杞包瓜，含章，有隕自天」，《程傳》注云：

> 杞，高木而葉大，處高體大而可以包物者，杞也；美實之
> 在下者，瓜也。美而居下者，側微之賢之象也。九五尊居
> 君位，而下求賢才，以至高而求至下，猶以杞葉而包瓜，
> 能自降屈如此。……高宗感於夢寐，文王遇於魚釣，皆由
> 是道也。

觀《遺書》則云：

> 高宗好賢之意，與《易·姤》卦同。九五「以杞包瓜，含
> 章，有隕自天。」杞生於最高處，瓜美物生低處，以杞包
> 瓜，則至尊逮下之意也。既能如此，自然有賢者出，故有
> 隕自天也。後人遂有天祐生賢佐之說。[58]

---

[57]《二程集（上）·河南程氏遺書卷第十四·明道先生語四·亥九月
　過汝所聞　劉絢質夫錄》，頁 140。
[58]《二程集（上）·河南程氏遺書卷第二十二上·伊川先生語八上·
　伊川雜錄》，頁 290。

相較於上述兩則對〈姤卦・九五〉的論述，其理解並無二致，僅在文字敘述上有所差異耳。由此可見，藉由《二程集》與《程傳》之比較，於吾人治《易》，特別是治伊川易學，尤彌具參考價值，均可援之以相互闡發。

(三) 藉資增補《程傳》

元・董眞卿云：「《程傳》正文只據王弼本，亦只有六十四卦，〈繫〉〈序〉傳有及爻卦者，掇入《傳》中，故無〈繫辭〉以後。至東萊呂氏始集周子、二程子、張子諸家經說、語錄及程子門人共十四家之說爲《精義》以補之。」[59] 由董氏之說，可見伊川歿後，自宋代以來，後人頗有以《程傳》未釋〈繫辭〉以下，而從事增補工作者。其中最著者，要推呂祖謙《周易繫辭精義》，坊間多刻其書，增補於《程傳》六十四卦之後，俾成爲全書。惟宋・陳振孫《直齋書錄解題》曾引《館閣書目》以爲《繫辭精義》二卷實僞託祖謙之名[60]，清・楊守敬《日本訪書志》亦謂「今按所載諸家之說，剪截失當，謂爲僞託，似不誣」[61]，不過後人藉程子語錄、程門弟子語以補《程傳》之未備，此一方式，仍頗足參考。觀《二程集》中，除《經說》七卷，其卷一〈易說〉即專解〈繫辭〉，其他有關《十翼》散見於《二程集》者，亦復不少，正可裒集以補《程傳》未注〈繫辭〉以下之缺

---

[59] 見《周易會通・周易經傳歷代因革》（臺北：成文出版社無求備齋《易經集成》景清康熙十九年通志堂原刊本）

[60] 見《直齋書錄解題》收錄於《書目續編》（臺北：廣文書局，1967年）

[61] 見《日本訪書志》收錄於《書目叢編》（臺北：廣文書局，1967年）

憾。惟《二程集》易說於〈彖〉、〈象〉、〈文言〉、〈繫辭〉、〈說卦〉尚不乏論述，然於〈序卦〉、〈雜卦〉則罕有說辭，其因或正如《遺書》所云：「〈序卦〉非《易》之蘊，此不合道。」[62]，或因《程傳》亦仿李鼎祚《周易集解》已移〈序卦〉之文分置於各卦之前，並加以解說，是以未見其多所論述也。

五、結語

　　《程傳》固為伊川易學精華所在，然其散見於《二程集》的易說，尚稱繁富，倘能援以輔翼《程傳》，則於伊川易學的掌握，當有更為全面、深入的瞭解。《程傳》雖非盡善盡美，其中待商榷者仍多。正如王弼注《老子》，議者以為乃《老子》注王弼，謂所注未必盡合老氏旨意，對於《程傳》，或亦可作如是觀者。然自古以來，學者所務無非就其大者，即經世致用耳。《程傳》所以風行天下九百年者，正以其切於治身、切於用世。故李瓚曰：「伊川之《易》，有用之學也。自是程氏之《易》與孔子《十翼》同功，非特解經而已。或者例以注疏觀之，非真知程子者矣。」[63] 觀李氏之言，誠可謂程氏千古之知音。

　　方今科技日愈昌明、經濟突飛猛進，惟風俗澆薄、人心不古，似有每況愈下之勢，人文精神的建立，倫理道德的提昇，均有待積極努力，凡治《易》者，自宜崇本務實，發揮有用之學，則《程傳》的傳習於囂攘之今日，尤彌具價值。大至於治國，小

---

[62]《二程集（上）‧河南程氏遺書卷第六‧二先生語六》，頁89。
[63] 見點校補正《經義考》卷二十，頁457。

至於世道人心，當有所助益。吾輩於發揚易學之際，固宜取精用宏，藉茲正本清源，重新審視《程傳》的易學地位與價值。藉由本書之編纂，固足以輔翼《程傳》、闡發《程傳》，當有助於二程易學全面而深入的瞭解。

一、通　論

（一）論陰陽動靜升降消息

早梅冬至已前發，方一陽未生，然則發生者何也？其榮其枯，此萬物一箇陰陽升降大節也。然逐枝自有一箇榮枯，分限不齊，此各有一〈乾〉、〈坤〉也。各自有箇消長，只是箇消息。惟其消息，此所以不窮，至如松柏，亦不是不彫，只是後彫，彫得不覺，怎少得消息？方夏生長時，卻有夏枯者，則冬寒之際有發生之物，何足怪也。[1]

陰陽於天地間，雖無截然爲陰爲陽之理，須去參錯，然一箇升降生殺之分，不可無也。[2]

一日游許之西湖，在石壇上坐，少頃腳踏處便溼，舉起云：「便是天地升降道理。」[3]

子曰：天地陰陽之運，升降盈虛，未嘗暫息。陽常盈，陰常虧，一盈一虧，參差不齊，而萬變生焉。故曰：「物之不齊，物之情

---

[1] 《二程集（上）・河南程氏遺書卷第二上・二先生語二上・元豐己未呂與叔東見二先生語》，頁39

[2] 《二程集（上）・河南程氏遺書卷第二上・二先生語二上・元豐己未呂與叔東見二先生語》，頁39。

[3] 《二程集（上）・河南程氏遺書卷第三・二先生語三・謝顯道記憶平日語・明道先生語》，頁60。

也。」莊周強齊之，豈能齊也？[4]

一日見火邊燒湯瓶，指之曰：「此便是陰陽消長之義。」[5]

日月，陰陽發見盛處。[6]

中之理至矣。獨陰不生，獨陽不生，偏則爲禽獸，爲夷狄，中則爲人。中則不偏，常則不易，惟中不足以盡之，故曰中庸。[7]

天地之化，雖廓然無窮，然而陰陽之度、日月寒暑晝夜之變，莫不有常，此道之所以爲中庸。[8]

萬物莫不有對，一陰一陽，一善一惡，陽長則陰消，善增則惡減。斯理也，推之其遠乎？人只要知此耳。[9]

陰爲小人，利爲不善，不可一概論。夫陰助陽以成物者君子也，其害陽者小人也。夫利和義者善也，其害義者不善也。[10]

天地之間皆有對，有陰則有陽，有善則有惡。君子小人之氣常停，不可都生君子，但六分君子則治，六分小人則亂，七分君子

---

[4] 《二程集（下）・河南程氏粹言卷第二・天地篇》，頁 1226。

[5] 《二程集（上）・河南程氏遺書卷第三・二先生語三・謝顯道記憶平日語・明道先生語》，頁 61。

[6] 《二程集（上）・河南程氏遺書卷第六・二先生語六》，頁 82。

[7] 《二程集（上）・河南程氏遺書卷第十一・明道先生語一・師訓》，頁 122。

[8] 《二程集（上）・河南程氏遺書卷第十五・伊川先生語一・入關語錄》，頁 149。

[9] 《二程集（上）・河南程氏遺書卷第十一・明道先生語一・師訓》，頁 123。

[10] 《二程集（上）・河南程氏遺書卷第十九・伊川先生語五》，頁 249。

則大治，七分小人則大亂。如是，則一無此三字，作雖字。堯、舜之世不能無小人。蓋堯、舜之世，只是以禮樂法度驅而之善，盡其道而已。然言比屋可封者，以其有教，雖欲為惡，不能成其惡。雖堯、舜之世，然於其家乖戾之氣亦生朱、均，在朝則有四凶，久而不去。[11]

子曰：陰之道，非必小人也，其害陽則小人也，其助陽成物則君子也。利非不善也，其害義則不善也，其和義則非不善也。[12]

曰：「雷所擊處必有火，何也？」曰：「雷自有火。如鑽木取火，如使木中有火，豈不燒了木？蓋是動極則陽生，自然之理。不必木，只如兩石相戛，亦有火出。惟鐵無火，然戛之久必熱，此亦是陽生也。」[13]

鑽木取火，人謂火生於木，非也。兩木相戛，用力極則陽生。今以石相軋，便有火出。非特木也，蓋天地間無一物無陰陽。[14]

天地動靜之理，天圓則須轉，地方則須安靜。南北之位，豈可不定下？所以定南北者，在坎離也。坎離又不是人安排得來，莫非自然也。[15]

---

[11]《二程集（上）‧河南程氏遺書卷第十五‧伊川先生語一‧入關語錄　或云：明道先生語》，頁161–162。

[12]《二程集（下）‧河南程氏粹言卷第一‧論道篇》，頁1170。

[13]《二程集（上）‧河南程氏遺書卷第十八‧伊川先生語四》，頁237。

[14]《二程集（上）‧河南程氏遺書卷第十八‧伊川先生語四》，頁237。

[15]《二程集（上）‧河南程氏遺書卷第二上‧二先生語二上‧元豐己未呂與叔東見二先生語》，頁44。

靜中便有動，動中自有靜。[16]

問文中子：「圓者動，方者靜。」先生曰：「此正倒說了。靜體圓，動體方。」[17]

子曰：動靜無端，陰陽無始。非知道者，孰能識之？[18]

子曰：靜中有動，動中有靜，故曰動靜一源。[19]

子曰：靜動者，陰陽之本也；五氣之運，則參差不齊矣。[20]

昔嘗請益於伊川曰：「某謂動靜一理。」伊川曰：「試喻之。」適聞寺鐘聲，某曰：「譬如此寺鐘，方其未撞時，聲固在也。」伊川喜曰：「且更涵養。」[21]

伊川與和靖[22]論義命。和靖曰：「命為中人以下說，若聖人只有箇義。」伊川曰：「何謂也？」和靖曰：「行一不義、殺一不辜而得天下，皆不為也，奚以命為？」伊川大賞之。又論動靜之際，聞寺僧撞鐘。和靖曰：「說著靜，便多一箇靜字。說動亦然。」伊川頷之。和靖每曰：「動靜只是一理，陰陽死生亦然。」[23]

---

[16]《二程集（上）‧河南程氏遺書卷第七‧二先生語七》，頁98。

[17]《二程集（上）‧河南程氏外書卷第八‧游氏本拾遺》，頁398。

[18]《二程集（下）‧河南程氏粹言卷第一‧論道篇》，頁1181。

[19]《二程集（下）‧河南程氏粹言卷第一‧論道篇》，頁1182。

[20]《二程集（下）‧河南程氏粹言卷第二‧天地篇》，頁1227。

[21]《二程集（上）‧河南程氏外書卷第十二‧傳聞雜記》，頁440。見呂堅中所記《尹和靖語》。

[22] 和靖即尹焞。

[23]《二程集（上）‧河南程氏外書卷第十二‧傳聞雜記》，頁431-432，為祁寬所記《尹和靖語》。

冬至一陽生，卻須斗寒，正如欲曉而反暗也。陰陽之際，亦不可截然不相接，廝侵過便是道理。天地之間，如是者極多。〈艮〉之爲義，終萬物，始萬物，此理最妙，須玩索這箇理。[24]

冬至一陽生，而每遇至後則倍寒，何也？陰陽消長之際，無截然斷絕之理，故相攙掩過。如天將曉，復至陰黑，亦是理也。大抵終始萬物，莫盛乎〈艮〉，此儘神妙，須儘研窮此理。[25]

(二)論理氣象數

天地之中，理必相直，則四邊當有空闕處。空闕處如何，地之下豈無天？今所謂地者，特於一作爲。天中一物爾。如雲氣之聚，以其久而不散也，故爲對。凡地動者，只是氣動。凡所指地者，一作損缺處。只是土，土亦一物爾，不可言地。更須要知〈坤〉元承天，是地之道也。[26]

凡有氣莫非天，凡有形莫非地。[27]

四端不言信，信本無在。在《易》則是至理，在孟子則是氣。[28]

天地萬物之理，無獨必有對，皆自然而然，非有安排也。每中夜

---

[24] 《二程集（上）·河南程氏遺書卷第二·二先生語二上·元豐己未呂與叔東見二先生語》，頁39。

[25] 《二程集（上）·河南程氏遺書卷第二上·二先生語二上·元豐己未呂與叔東見二先生語》，頁47。

[26] 《二程集（上）·河南程氏遺書卷第二下·二先生語二下·附東見錄後》，頁55。

[27] 《二程集（上）·河南程氏遺書卷第六·二先生語六》，頁83。

[28] 《二程集（上）·河南程氏遺書卷第六·二先生語六》，頁88。

以思，不知手之舞之，足之蹈之也。老子之言，竊弄闔闢者也。[29]

《易》中只是言反復往來上下。[30]

若謂既返之氣復將為方伸之氣，必資於此，則殊與天地之化不相似。天地之化，自然生生不窮，更何復資於既斃之形，既返之氣，以爲造化？近取諸身，其開闔往來，見之鼻息，然不必須 一本無此四字，有豈字。假吸復入以爲呼。氣則自然生。人氣之生，生 一作人之氣生。於眞元。天之氣，亦自然生生不窮。至如海水，因陽盛而涸，及陰盛而生，亦不是將 一作必是。已涸之氣卻生水。自然能生，往來屈伸只是理也。盛則便有衰，晝則便有夜，往則便有來。天地中如洪鑪，何物不銷鑠了？[31]

子曰：理有盛衰，有消長，有盈益，有虛損。順之則吉，逆之則凶。君子隨時所尙，所以事天也。[32]

子曰：理善莫過於中。中則無不正者，而正未必得中也。[33]

子曰：離陰陽則無道。陰陽，氣也，形而下也。道，太虛也，形而上也。[34]

---

[29] 《二程集（上）‧河南程氏遺書卷第十一‧明道先生語一‧師訓》，頁 121。

[30] 《二程集（上）‧河南程氏遺書卷第十四‧明道先生語四‧亥九月過汝所聞》，頁 142。

[31] 《二程集（上）‧河南程氏遺書卷第十五‧伊川先生語一‧入關語錄》，頁 148。

[32] 《二程集（下）‧河南程氏粹言卷第一‧論道篇》，頁 1175。

[33] 《二程集（下）‧河南程氏粹言卷第一‧論道篇》，頁 1175。

[34] 《二程集（下）‧河南程氏粹言卷第一‧論道篇》，頁 1180。

子曰：道無體，而義有方。[35]

子曰：以氣明道，氣亦形而下者耳。[36]

張閎中曰：「《易》之義起於數。」子曰：「有理而後有象，有象而後有數。《易》者因象以明理，由象而知數。得其理，而象數在其中矣。必欲窮象之隱微，盡數之毫忽，迺尋流逐末，術家之所尚，管輅、郭璞之流是也，非聖人之道也。」閎中曰：「象數在理中，何謂也？」子曰：「理無形也，故因象以明理。理既見乎辭，則可以由辭而觀象。故曰：得其理，則象數舉矣。」[37]

子曰：盡天理，斯謂之《易》。[38]

二氣五行剛柔萬殊，聖人所由惟一理，人須要復其初。[39]

元氣會則生聖賢。理自生。[40]

有形總是氣，無形只是一作有道。[41]

子曰：氣充則理正，正則不私，不私之至則神。[42]

子曰：天地萬物之理，無獨必有對。[43]

---

[35] 《二程集（下）‧河南程氏粹言卷第一‧論道篇》，頁1180。
[36] 《二程集（下）‧河南程氏粹言卷第一‧論道篇》，頁1182。
[37] 《二程集（下）‧河南程氏粹言卷第一‧論書篇》，頁1205。
[38] 《二程集（下）‧河南程氏粹言卷第一‧論書篇》，頁1207。
[39] 《二程集（上）‧河南程氏遺書卷第六‧二先生語六》，頁83。
[40] 《二程集（上）‧河南程氏遺書卷第六‧二先生語六》，頁83。
[41] 《二程集（上）‧河南程氏遺書卷第六‧二先生語六》，頁83。
[42] 《二程集（下）‧河南程氏粹言卷第一‧論道篇》，頁1182。
[43] 《二程集（下）‧河南程氏粹言卷第二‧人物篇》，頁1268。

物理最好玩。[44]

「性如何？」曰：「性即理也，所謂理，性是也。」[45]

子曰：質必有文，自然之理也。理必有對，生生之本也。有上則有下，有此則有彼，有質則有文。一不獨立，二必爲文。非知道者，孰能識之？[46]

子曰：觀生理可以知道。[47]

(三)論讀易學易

當孔子時，傳《易》者支離，故言「五十以學《易》」。言學者謙辭。學《易》可以無大過差。《易》之書惟孔子能正之，使無過差。[48]

問：「『加我數年，五十以學《易》，可以無大過矣。』不知聖人何以因學《易》後始能無過？」曰：「先儒謂孔子學《易》後可以無大過，此大段失卻文意。聖人何嘗有過？如待學《易》後無大過，卻是未學《易》前，嘗有大過也。此聖人如未嘗學《易》，何以知其可以無過？蓋孔子時學《易》者支離，《易》道不明。仲尼既修佗經，惟《易》未嘗發明，故謂弟子曰：『加

---

[44] 《二程集（上）・河南程氏遺書卷第二上・二先生語二上・元豐己未呂與叔東見二先生語》，頁39。

[45] 《二程集（上）・河南程氏遺書卷第二十二上・伊川先生語八上・伊川雜錄》，頁292。

[46] 《二程集（下）・河南程氏粹言卷第一・論道篇》，頁1171。

[47] 《二程集（下）・河南程氏粹言卷第一・論道篇》，頁1171。

[48] 《二程集（上）・河南程氏遺書卷第六・二先生語六》，頁94。

我數年，五十以學《易》。」期之五十，然後贊《易》，則學
《易》者可以無大過差，若所謂贊《易》道而黜《八索》是
也。」前此學《易》者甚眾，其說多過。聖人使弟子俟其贊而後學之，
其過鮮也。[49]

古之學者，皆有傳授。如聖人作經，本欲明道。今人若不先明義
理，不可治經，蓋不得傳授之意云爾。如〈繫辭〉本欲明
《易》，若不先求卦義，則看〈繫辭〉不得。[50]

觀《易》須看時，然後觀逐爻之才。一爻之閒，常包涵數意，聖
人常取其重者為之辭。亦有《易》中言之已多，取其未嘗言者，
亦不必重事。又有且言其時，不及其爻之才，皆臨時參考。須先
看卦，乃看得〈繫辭〉。[51]

《易》有百餘家，難為徧觀。如素未讀，不曉文義，且須看王
弼、胡先生、荊公三家。理會得文義，且要熟讀，然後卻有用心
處。[52]

若欲治《易》，先尋繹令熟，只看王弼、胡先生、王介甫三家文
字，令通貫，餘人《易》說，無取枉費功。年亦長矣，宜汲汲

---

[49]《二程集（上）‧河南程氏遺書卷第十八‧伊川先生語四》，頁
209。

[50]《二程集（上）‧河南程氏遺書卷第二上‧二先生語二上‧元豐己
未呂與叔東見二先生語》，頁13。

[51]《二程集（上）‧河南程氏遺書卷第二上‧二先生語二上‧元豐己
未呂與叔東見二先生語》，頁13。

[52]《二程集（上）‧河南程氏遺書卷第十九‧伊川先生語五》，頁
248。

也。[53]

讀《易》須先識卦體。如〈乾〉有元亨利貞四德，缺卻一箇，便不是〈乾〉，須要認得。[54]

看《易》，且要知時。凡六爻，人人有用。聖人自有聖人用，賢人自有賢人用，衆人自有衆人用，學者自有學者用；君有君用，臣有臣用，無所不通。因問：「〈坤〉卦是臣之事，人君有用處否？」先生曰：「是何無用？如『厚德載物』，人君安可不用？」[55]

今時人看《易》，皆不識得《易》是何物，只就上穿鑿。若念得不熟與，就上添一德亦不覺多，就上減一德亦不覺少。譬如不識此兀子，若減一隻腳亦不知是少，添一隻腳亦不知是多。若識，則自添減不得也。[56]

凡看書，各有門庭。《詩》、《易》、《春秋》不可逐句看，《尚書》、《論語》可以逐句看。[57]

古之學者，先由經以識義理。蓋始學時，盡是傳授。後之學者，卻先須識義理，方始看得經。如《易》，《繫辭》所以解

[53]《二程集（上）·河南程氏文集卷第九·伊川先生文五·書啓·與金堂謝君書》，頁 613。

[54]《二程集（上）·河南程氏遺書卷第十九·伊川先生語五》，頁 248。

[55]《二程集（上）·河南程氏遺書卷第十九·伊川先生語五》，頁 249。

[56]《二程集（上）·河南程氏外書卷第五·馮氏本拾遺》，頁 374。

[67]《二程集（上）·河南程氏外書卷第六·羅氏本拾遺》，頁 377。

《易》，今人須看了《易》，方始看得《繫辭》。一本云：「古之人得其師傳，故因經以明道。後世失其師傳，故非明道，不能以知經。」[58]

學為易，知之為難。知之非難也，體而得之為難。[59]

(四) 評前人易說

1. 評揚雄易說 [60]

問：「《太玄》之作如何？」曰：「是亦贅矣。必欲撰《玄》，

---

[58] 《二程集（上）・河南程氏遺書卷第十五・伊川先生語一・入關語錄或云：明道先生語》，頁 164-165

[59] 《二程集（上）・河南程氏遺書卷第二十五・伊川先生語十一・暢潛道錄胡氏注云：「識者疑其聞多非先生語。」》，頁 321。

[60] 揚雄，字子雲，蜀郡成都人（今四川成都）。生於西漢宣帝甘露元年（B.C.53 年），年少而好學，不為章句訓詁通而已。喜獨處、好沉思，為人簡易舒緩，口吃不能疾言，顧嘗好辭賦。年四十餘，自蜀來游京師，大司馬車騎將軍王音奇其文雅，召以為門下史，荐雄待詔，歲餘，奏《羽獵賦》，除為郎，給事黃門，與王莽、劉歆並。哀帝之初，又與董賢同官。當成、哀、平間，莽、賢皆為三公，權傾人主，所荐莫不拔擢，而雄三世不徙官。及莽篡位，談說之士用符命稱功德獲封爵者甚眾，雄復不侯，以耆老久次轉為大夫，恬於勢利乃如是。實好古而樂道，其意欲求文章成名於後世，以為經莫大於《易》，故作《太玄》；傳莫大於《論語》，作《法言》；史篇莫善於《倉頡》，作《訓纂》；箴莫善於《虞箴》，作《州箴》；賦莫深於《離騷》，反而廣之；辭莫麗於相如，作四賦；皆斟酌其本，相與放依而馳騁云。劉歆嘗觀其書，謂雄曰：「空自苦！今學者有祿利，然向不能明《易》，又如《玄》何？吾恐后人用覆醬瓿也。」雄笑而不應。天鳳五年（18 年）卒，年七十一。

不如明《易》。邵堯夫之數，似玄而不同。數只是一般，一作數無窮。但看人如何用之。雖作十《玄》亦可，況一《玄》乎？」[61]

問：「括囊事還做得在位使否？」先生曰：「六四位是在上，然〈坤〉之六四卻是重陰，故云『賢人隱』，便做不得在位。」又問：「恐後人緣此，謂有朝隱者。」先生曰：「安有此理？向林希嘗有此說，謂楊雄爲祿隱。楊雄後人只爲見他著書，便須要做他是，怎生做得是？」因問：「如〈劇秦〉文，莫不當作？」先生云：「或云非是美之，乃譏之也。然王莽將來族誅之，亦未足道，又何足譏？譏之濟得甚事？或云且以免死，然已自不知明哲煌煌之義，何足以保身？作《太玄》本要明《易》，卻尤晦如《易》，其實無益，眞屋下架屋，牀上疊牀。他只是於《易》中得一數爲之，於厤法雖有合，只是無益。今更於《易》中推出來，做一百般《太玄》亦得，要尤難明亦得，只是不濟事。」[62]

《太玄》中首中：陽氣潛萌於黃宮，信無不在乎中。養首一：藏心於淵，美厥靈根。測曰：藏心於淵，神不外也。楊子雲之學，蓋嘗至此地位也。[63]

[61] 《二程集（上）·河南程氏遺書程氏遺書卷第十八·伊川先生語四》，頁231。

[62] 《二程集（上）·河南程氏遺書卷第十九·伊川先生語五》，頁251。天按：原文「楊雄」，宜作「揚雄」。

[63] 《二程集（上）·河南程氏遺書卷第十一·明道先生語一·師訓》，頁130-131。天按：原文「楊子雲」，宜作「揚子雲」。

2. 評王弼、韓康伯易說 [64]

王弼注《易》，元不見道，但卻以老、莊之意解說而已。[65]

自孔子贊《易》之後，更無人會讀《易》。先儒不見於書者，有則不可知；見於書者，皆未盡。如王輔嗣、韓康伯，只以莊、老解之，是何道理？某於《易傳》，煞曾下工夫。如學者見問，儘有可商量，書則未欲出之也。[66]

3. 評劉牧易說 [67]

或問：「劉牧言上經言形器以上事，下經言形器以下事。」曰：

---

[64] 王弼字輔嗣，三國魏山陽人。好論道，辭才逸辯，為尚書郎。正始十年（249 年）秋遇癘疾卒，時年二十四。弼注《周易》及《老子》，其《易注》有六卷，《略例》一卷。韓伯字康伯，晉穎川長社人（今河南長葛東北）。據《晉書》本傳，康伯少聰慧，及長，清和有思理，留心文藝。舉秀才，徵佐著作郎，並不就。簡文帝居藩，引為談客，自司徒左西屬轉撫軍掾、中書郎、散騎常侍、豫章太守，入為侍中。後轉丹楊尹、吏部尚書、領軍將軍。既疾病，朝廷改授太常，未拜，卒，時年四十九。王弼注《周易》，未及〈繫辭〉等傳，康伯補之，為〈繫辭注〉二卷，另〈說卦〉、〈序卦〉、〈雜卦〉合為一卷。

[65]《二程集（上）・河南程氏遺書卷第一・二先生語一・端伯傳師說》，頁 8。

[66]《二程集（上）・河南程氏外書卷第五・馮氏本拾遺》，頁 374。

[67] 劉牧（1011–1064 年）字先之，號長民，北宋衢州西安人（今浙江衢縣），世稱長民先生。舉進士第，歷官州軍事推官、觀察推官、後移荊湖北路轉運判官，旋卒，家貧無以為喪，其清介若此。其學源於陳摶、种放，與邵雍先天之學異派同源，曾受《易》於范諤昌，精於河洛之學，善講陳摶《龍圖易》天地五十有五之數，並提出「圖九書十說」、「太極說」、「象由數設」等等觀點，為北宋易學象數圖書派之代表人物。其易學著作，據朱彝尊《經義考》所載有《新注周易》十一卷、《卦德通》一卷、《周易先儒遺論九事》一卷、《易數鉤隱圖》一卷等。

「非也。上經言雲雷〈屯〉，雲雷豈無形耶？」曰：「牧又謂上經是天地生萬物，下經是男女生萬物。」曰：「天地中只是一箇生。人之生於男女，即是天地之生，安得爲異？」曰：「牧又謂〈乾〉、〈坤〉與〈坎〉、〈離〉男女同生。」曰：「非也。譬如父母生男女，豈男女與父母同生？既有〈乾〉、〈坤〉，方三索而得六子。若曰〈乾〉、〈坤〉生時，六子生理同有，則有此理。謂〈乾〉、〈坤〉、〈坎〉、〈離〉同生，豈有此事？既是同生，則何言六子耶？」[68]

問：「劉牧以〈坎〉、〈離〉得正性，〈艮〉、〈巽〉得偏性，如何？」曰：「非也。佗據方位如此說。如居中位便言得中氣，其餘豈不得中氣也？」或曰：「五行是一氣。」曰：「人以爲一物，某道是五物。既謂之五行，豈不是五物也？五物備然後能生。且如五常，誰不知是一箇道？既謂之五常，安得混而爲一也？」[69]

問：「劉牧以下經四卦相交，如何？」曰：「怎生地交？若論相交，豈特四卦，如〈屯〉、〈蒙〉、〈師〉、〈比〉皆是相交。一顚一倒。卦之序皆有義理，有相反者，有相生者，爻變則義變也。」下來卻以 [70] 義起，然亦是以爻也，爻變則義變。「劉牧言 [71] 兩卦相比，上經二陰二陽相交，下經四陰四陽相交，是否？」曰：

---

[68] 《二程集（上）‧河南程氏遺書卷第十八‧伊川先生語四》，頁223。

[69] 《二程集（上）‧河南程氏遺書卷第十八‧伊川先生語四》，頁223。

[70] 王孝魚校記云：「呂本、徐本『以』作『似』，義較長。」

[71] 王孝魚校記云：「『劉牧言』上疑當有『問』字。」，頁224。

「八卦已相交了，及重卦，只取二象相交爲義，豈又於卦畫相交也？《易》須是默識心通，只如此窮文義，徒費力。」[72]

4. 評周敦頤易說

周茂叔窮禪客。[73]

5. 評胡瑗易說 [74]

問：「胡先生解九四作太子，恐不是卦義。」先生云：「亦不妨，只看如何用。當儲貳，則做儲貳。使九四近君，便作儲貳亦不害，但不要拘一。若執一事，則三百八十四爻只作得三百八十四件事便休也。」[75]

---

[72] 《二程集（上）・河南程氏遺書卷第十八・伊川先生語四》，頁 223–224。

[73] 《二程集（上）・河南程氏遺書卷第六・二先生語六》，頁 85。

[74] 胡瑗（993–1059 年）字翼之，北宋泰州如皋人（今江蘇如皋縣）。諡文昭，祖籍安定（今山東范縣東），故學者稱安定先生。歷任蘇、湖二州教授、太子中允、天章閣侍講，以太常博士致仕。胡瑗教授四十餘年，學者數千，禮部所得士，瑗弟子十常居四五，造就人才無數，與泰山先生孫復、徂徠先生石介，並稱宋初三先生，胡氏明於《易》理，《宋史・藝文志》曾列有《胡瑗易解》十二卷、《口義》十卷、《繫辭說卦》三卷，惟朱彝尊《經義考》引李振裕之說云：「安定講授之餘，欲著述而未逮，倪天隱述之，以其非師之親筆，故不敢稱《傳》，而名之曰《口義》，傳諸後世，或稱《傳》，或稱《口義》，各從其所見，無二書也。」（卷十七・頁六）足見《易解》、《口義》為一書明矣！《宋志》蓋誤分為二也。胡氏說《易》以義理為宗，崇尚實學而棄去玄虛，故雖承繼王弼、孔穎達之注疏，卻不蹈其老莊玄旨，而以儒理人事釋《易》，明體用之說，影響所及，尤以儒理、史事兩派易學為最。

[75] 《二程集（上）・河南程氏遺書》卷十九，頁 249。本則互見於〈周易上下經・乾・九四〉。

6. 評邵雍易說 [76]

堯夫之學，先從理上推意，言象數言天下之理，須出於四者，推到理處，曰：處日添二字。「我得此大者，則萬事由我，無有不定。」然未必有術，要之亦難以治天下國家。[77]

邵堯夫數法出於李挺之，至堯夫推數方及理。[78]

堯夫《易》數甚精。自來推長厤者，至久必差，惟堯夫不然，指一二近事，當面可驗。明道云：「待要傳與某兄弟，某兄弟那得工夫？要學，須是二十年工夫。」明道聞說甚熟，一日因監試無事，以其說推算之，皆合，出謂堯夫曰：「堯夫之數，只是加一倍法，以此知《太玄》都不濟事。」堯夫驚撫其背，曰：「大哥你恁聰明！」伊川謂堯夫：「知《易》數爲知天？知《易》理爲知天？」堯夫云：「須還知《易》理爲知天。」因說今年雷起甚

---

[76] 邵雍（1011–1077 年），字堯夫，自號安樂，謚康節，先世河北范陽人，幼隨父遷共城（今河南輝縣），共城令李之才曾授以「物理性命之學」，遂通河圖、洛書，宓犧八卦、六十四卦圖象等象數之學，其學一反王弼以來之義理易風，而植基於漢代之象數派易學，結合道教與易理思想，為理學之命題作論證，使易學成為理學之一部分，故為北宋理學的重要人物。邵氏據《易傳》有關八卦形成的解釋，參雜道教思想，虛構一宇宙構造圖式與學說體系，以成其象數之學，而有《皇極經世書》，開創宋明以來象數學的規模與傳統，其先天八卦圖排列方位，更往往為後代治象數及術數易者的基本依據。

[77]《二程集（上）・河南程氏遺書卷第二上・二先生語二上・元豐己未呂與叔東見二先生語》，頁 45

[78]《二程集（上）・河南程氏遺書卷第十八・伊川先生語四》，頁197。

處。伊川云：「堯夫怎知某便知？」又問甚處起？伊川云：「起
處起。」堯夫愕然。他日，伊川問明道曰：「加倍之數如何？」
曰：「都忘之矣。」因歎其心無偏繫如此。[79]

堯夫說《易》好，今夜試來聽他說看。一作「說《先天圖》甚有
理，可試往聽他說看。」[80]

堯夫嘗言：「能物物，則我爲物之人也；不能物物，則我爲物之
物也。」亦不消如此。人自人，物自物，道理甚分明。[81]

命之曰易，便有理。一本無此七字，但云：「道理皆自然。」若安排
定，則更有甚理？天地陰陽之變，便如二扇磨，升降盈虧剛柔，
初未嘗停息，陽常盈，陰常虧，故便不齊。譬如磨既行，齒都不
齊，既不齊，便生出萬變。故物之不齊，物之情也。而莊周強要
齊物，然而物終不齊也。堯夫有言：「泥空終是著，齊物到頭
爭。」此其肅如秋，其和如春。如秋，便是「義以方外」也。如
春，觀萬物皆有春意。堯夫有詩云：「拍拍滿懷都是春。」又
曰：「芙蓉月向懷中照，楊柳風來面上吹。」不止風月，言皆有
理。又曰：「卷舒萬古興亡手，出入幾重雲水身。」若莊周，大
抵寓言，要入佗放蕩之場。堯夫卻皆有理，萬事皆出於理，自以
爲皆有理，故要得縱心妄行總不妨。一本此下云：「堯夫詩云：
『聖人喫緊些兒事。』其言太急迫。此道理平鋪地放著裏，何必如

---

[79]《二程集（上）·河南程氏外書卷第十二·傳聞雜記》，頁 428，
　　見上蔡語錄。

[80]《二程集（上）·河南程氏文集·遺文·與橫渠簡》，頁 672，見
　　《朱子語類》，此爲伊川先生文。

[81]《二程集（上）·河南程氏遺書卷第一·二先生語一·端伯傳師
　　說》，頁 9。

此。」[82]

堯夫豪傑之士，根本不帖帖地。伯淳嘗戲以亂世之姦雄中，道學之有所得者，然無禮不恭極甚。又嘗戒以不仁，己猶不認，以爲人不曾來學。伯淳言：「堯夫自是悠悠。」自言須如我與李之才方得道。[83]

邵堯夫於物理上儘說得，亦大段漏洩佗天機。[84]

堯夫之學，先從理上推意，言象數言天下之理，須出於四者，推到理處，曰：處日添二字。「我得此大者，則萬事由我，無有不定。」然未必有術，要之亦難以治天下國家。其爲人則直是無禮不恭，惟是侮玩，雖天理一作地。亦爲之侮玩。如無名公傳言「問諸天地，天地不對，弄丸餘暇，時往時來」之類。[85]

堯夫詩「雪月風花未品題」，佗便把這些事，便與堯、舜、三代一般。此等語，自孟子後，無人曾敢如此言來，直是無端。又如言文字呈上，堯夫皆不恭之甚。「須信畫前元有《易》，自從刪後更無《詩》」，這箇意思，古元未有人道來。[86]

---

[82]《二程集（上）‧河南程氏遺書卷第二上‧二先生語二上‧元豐己未呂與叔東見二先生語》，頁33

[83]《二程集（上）‧河南程氏遺書卷第二上‧二先生語二上‧元豐己未呂與叔東見二先生語》，頁32。

[84]《二程集（上）‧河南程氏遺書卷第二上‧二先生語二上‧元豐己未呂與叔東見二先生語》，頁42。

[85]《二程集（上）‧河南程氏遺書卷第二上‧二先生語二上‧元豐己未呂與叔東見二先生語》，頁45。

[86]《二程集（上）‧河南程氏遺書卷第二上‧二先生語二上‧元豐己未呂與叔東見二先生語》，頁45。

張子厚、邵堯夫，善自開大者也。[87]

意言象數，邵堯夫胎息氣。此三字，一本在「牛鳴」下。[88]

堯夫道雖偏駁，然卷舒作用極熟，又一作可。能謹細行。[89]

邵堯夫猶空中樓閣。[90]

伯淳言：「邵堯夫病革，且言試與觀化一遭。」子厚言：「觀化他人便觀得自家，自家又如何觀得化？嘗觀堯夫詩意，纔做得識道理，卻於儒術未見所得。」[91]

問：「邵堯夫能推數，見物壽長短始終，有此理否？」曰：「固有之。」又問：「或言人壽但得一百二十數，是否？」曰：「固是，此亦是大綱數，不必如此。馬牛得六十，按《皇極經世》，當作三十。猫犬得十二，燕雀得六年之類，蓋亦有過不及。」又問：「還察形色？還以生下日數推考？」曰：「形色亦可察，須精方驗。」[92]

邵堯夫謂程子曰：「子雖聰明，然天下之事亦衆矣，子能盡知邪？」子曰：「天下之事，某所不知者固多。然堯夫所謂不知者

[87]《二程集（上）‧河南程氏遺書卷第三‧二先生語三‧謝顯道記憶平日語》，頁 60。
[88]《二程集（上）‧河南程氏遺書卷第六‧二先生語六》，頁 85。
[89]《二程集（上）‧河南程氏遺書卷第七‧二先生語七》，頁 97。
[90]《二程集（上）‧河南程氏遺書卷第七‧二先生語七》，頁 97。
[91]《二程集（上）‧河南程氏遺書卷第十‧二先生語十‧洛陽議論》，頁 112。
[92]《二程集（上）‧河南程氏遺書卷第十八‧伊川先生語四》，頁 197。

何事？」是時適雷起，堯夫曰：「子知雷起處乎？」子曰：「某知之，堯夫不知也。」堯夫愕然曰：「何謂也？」子曰：「既知之，安用數推也？以其不知，故待推而後知。」堯夫曰：「子以為起於何處？」子曰：「起於起處。」堯夫瞿然稱善。[93]

伊川曰：「邵堯夫在急流中，被渠安然取十年快樂。」[94]

尹子曰：「邵堯夫家以墓誌屬明道，許之，太中、伊川不欲，因步月於庭。明道曰：「顥已得堯夫墓誌矣。堯夫之學，可謂安且成。」太中乃許。[95]

7. 評張載

問：「張子曰：『陰陽之精，互藏其宅』，然乎？」曰：「此言甚有味，由人如何看。水離物不得，故水有離之象。火能入物，故火有坎之象。」[96]

橫渠昔在京師，坐虎皮，說《周易》，聽從甚眾。一夕，二程先生至，論《易》。次日，橫渠撤去虎皮，曰：「吾平日為諸公說者，皆亂道。有二程近到，深明《易》道，吾所弗及，汝輩可師之。」逐日虎皮出，是日更不出虎皮也。橫渠乃歸陝西。[97]

---

[93]《二程集（上）‧河南程氏遺書卷第二十一上‧伊川先生語七上‧師說》，頁 269–270。

[94]《二程集（上）‧河南程氏外書卷第十一‧時氏本拾遺》，頁 413。

[95]《二程集（上）‧河南程氏外書卷第十一‧時氏本拾遺》，頁 414。

[96]《二程集（上）‧河南程氏外書卷第七‧胡氏本拾遺》，頁 394。

[97]《二程集（上）‧河南程氏外書卷第十二‧傳聞雜記》，頁 436–437。本段出自祁寬所記《尹和靖語》。

8. 評王安石易說 [98]

荊公言，用九只在上九一爻，非也。六爻皆用九，故曰：「見群龍无首吉。」用九便是行健處。「天德不可爲首」，言〈乾〉以至剛健，又安可更爲物先？爲物先則有禍，所謂「不敢爲天下先。」〈乾〉順時而動，不過處，便是不爲首，六爻皆同。[99]

介甫以武王觀兵爲九四，大無義理，兼觀兵之說亦自無此事。[100]

先儒以六爲老陰，八爲少陰，固不是。介甫以爲進君子而退小人，則是聖人旋安排義理也。此且定陰陽之數，豈便說得義理？九六只是取純陰純陽。惟六爲純陰，只取《河圖》數見之，過六則一陽生，至八便不是純陰。[101]

介甫解「直方大」云：「因物之性而生之，直也；成物之形而不可易，方也。」人見似好，只是不識理。如此，是物先有箇性，

---

[98] 王安石（1021–1086 年）字介甫，號半山，北宋撫州臨川人（今江西臨川）。仁宗慶曆三年（1043 年）進士，博聞強記，為文精妙。初知鄞縣，神宗熙寧二年（1069 年）拜中書門下平章事，力主變風俗、立法度，實行變法，失敗後，退居江寧半山園，封舒國公，改荊國公，世稱荊公。著有《周官新義》、《論語解》、《孟子解》、《臨川集》、《臨川集拾遺》，於《易》有《易解》十四卷，晁公武《郡齋讀書志》云：「介甫《三經義》皆頒學官，獨《易解》自謂少作未善，不專以取士」，今其書已佚。

[99]《二程集（上）‧河南程氏遺書卷第十九‧伊川先生語五》，頁248–249。

[100]《二程集（上）‧河南程氏遺書卷第十九‧伊川先生語五》，頁250。

[101]《二程集（上）‧河南程氏遺書卷第十九‧伊川先生語五》，頁250。

〈坤〉因而生之，是甚義理？全不識也。[102]

或問：「介甫有言，盡人道謂之仁，盡天道謂之聖。」子曰：「言乎一事，必分爲二，介甫之學也。道一也，未有盡人而不盡天者也。以天人爲二，非道。子雲謂通天地而不通人曰伎，亦猶是也。或曰：乾天道也，坤地道也，論其體則天尊地卑，其道則無二也。豈有通天地而不通人？如止云通天文地理，雖不能之，何害爲儒？」[103]

「反復道也」，言終日乾乾往來，皆由於道也。三位在二體之中，可進而上，可退而下，故言反復。「知至至之」，如今學者且先知有至處，便從此至之，是「可與幾也。」非知幾者，安能先識至處？「知終終之」，知學之終處而終之，然後「可與守義。」王荊公云：「九三知九五之位可至而至之。」大煞害事。使人臣常懷此心，大亂之道，亦自不識湯、武。「知至至之」，只是至其道也。[104]

9. 其他

《易》八卦之位，元不曾有人說。先儒以爲〈乾〉位西北，〈坤〉位西南，言〈乾〉、〈坤〉任六子，而自處於無爲之地，此大故無義理。風雷山澤之類，便是天地之用。豈天地外別有六子，如人生六子，則有各任以事，而父母自閑？風雷之類於天地

---

[102]《二程集（上）‧河南程氏遺書卷第十九‧伊川先生語五》，頁251。

[103]《二程集（下）‧河南程氏粹言卷第一‧論道篇》，頁1170。

[104]《二程集（上）‧河南程氏遺書卷第十九‧伊川先生語五》，頁248。本則互見於〈周易上下經‧乾‧九三〉。

閒，如人身之有耳目手足，便是人之用也。豈可謂手足耳目皆用，而身無爲乎？因見賣兔者，曰：「聖人見《河圖》、《洛書》而畫八卦。然何必《圖》、《書》，只看此兔，亦可作八卦，數便此中可起。古聖人只取神物之至著者耳。只如樹木，亦可見數。兔何以無尾，有血無脂？只是爲陰物。大抵陽物尾長，陽盛者尾愈長。如雉是盛陽之物，故尾極長，又其身文明。今之行車者，多植尾於車上，以候雨晴，如天將雨，則尾先垂向下，纔晴便直立。」[105]

子曰：先儒有言，乾位西北，坤位東南。今以天觀之，無乎不在，何獨有於西北？又曰乾位在六子，而自處於無爲之地。夫風雷澤水火之六物者，迺天之用，猶人之身耳，目口鼻各致其用，而曰身未嘗有爲也，則可乎？[106]

（五）記師友軼事

謝師直爲長安漕，明道爲鄠縣簿，論《易》及《春秋》。明道云：「運使，《春秋》猶有所長，《易》則全理會不得。」師直一日說與先生。先生答曰：「據某所見，二公皆深知《易》者。」師直曰：「何故？」先生曰：「以運使能屈節問一主簿，以一主簿敢言運使不知《易》，非深知《易》道者不能。」[107]

---

[105]《二程集（上）·河南程氏遺書卷第十八·伊川先生語四》，頁222。

[106]《二程集（下）·河南程氏粹言卷第一·論書篇》，頁1207。

[107]《二程集（上）·河南程氏遺書卷第十九·伊川先生語五》，頁249。

謝公師直與程子論《易》，程子未之許也。公曰：「昔與伯淳，亦謂景溫於《春秋》則可，《易》則未也。」程子曰：「以某觀之，二公皆深於《易》者也。」公曰：「何謂也？」子曰：「以監司論學，而主簿敢以為非，為監司者不怒，為主簿者敢言，非深於《易》而何？」[108]

謝師直與明道言《春秋》，明道或可之，又言《易》，明道不可，師直無忤色。他日，又以問伊川。伊川曰：「二君知《易》矣。」師直曰：「伯淳不我與，而子何為有是言也？」子曰：「忘刺史之勢而屈以下問，忘主簿之卑而直言無隱，是固《易》之道也。」[109]

謝師直尹洛時，嘗談經與鄙意不合，因曰：「伯淳亦然。往在上元，某說《春秋》，猶時見取，至言《易》，則皆曰非是。」頤謂曰：「二君皆通《易》者也。監司談經，而主簿乃曰非是，監司不怒，主簿敢言，非通《易》能如是乎？」[110]

「謝湜自蜀之京師，過洛而見程子。……。」謝湜求見者三，不許，因陳經正以請，先生曰：「聞其來問《易》，遂為說以獻貴人。」注云：獻蔡卞，如用說桎梏之類。[111]

---

[108]《二程集（上）・河南程氏遺書卷第二十一上・伊川先生語七上・師說》，頁271。

[109]《二程集（下）・河南程氏粹言卷第一・論書篇》，頁1206。

[110]《二程集（上）・河南程氏文集卷第十二・伊川先生文八・家世舊事》，頁660。

[111]《二程集（上）・河南程氏遺書卷第二十一上・伊川先生語七上》，頁269

晁以道常說：頃嘗以書問伊川先生云：「某平生所願學者，康節生先也。康節先生沒，不可見，康節之友惟先生在，願因先生問康節之學。」伊川答書云：「某與堯夫同里巷居三十年餘，世間事無所不論，惟未嘗一字及數耳。」[112]

頤與堯夫同里巷居三十年餘，世閒事無所不論，惟未嘗一字及數耳。[113]

往年胡博士瑗講《易》，常有外來請聽者，多或至千數人；孫殿丞復說《春秋》，初講旬日閒，來者莫知其數，堂上不容，然後謝之，立聽戶外者甚眾，當時《春秋》之學爲之一盛，至今數十年傳爲美事。[114]

予友李君仲通，諱敏之，世居北燕；高祖避亂南徙，今爲濮人。丞相文定公迪，乃其世父也。曾祖令珣，祖護，皆以丞相故贈太師尚書。令考遜，用子貴，贈吏部尚書。……（仲通）好古力學，博觀群書，尤精於《春秋》、《詩》、《易》。[115]

程明道先生同弟伊川先生侍其親太中公，秋日訪先君於天津舊廬，先君以酒與之，同遊月陂上，歡飲劇談。翌日，明道謂周純甫曰：「昨日陪堯夫先生遊月陂，自來聞堯夫議論，未嘗至此，

[112] 《二程集（上）・河南程氏外書卷第十二・傳聞雜記》，頁444。本段出自呂本中《呂氏雜志》。

[113] 《二程集（上）・河南程氏文集・遺文・答晁以道書》，頁672。此見《呂氏雜志》。

[114] 《二程集（上）・河南程氏文集卷第七・伊川先生文三・學制・回禮部取問狀》，頁568。

[115] 《二程集（上）・河南程氏文集卷第四・明道先生文四・行狀墓誌祭文・李寺丞墓誌銘》，頁497。

振古之豪傑也。」純甫曰:「所言如何?」明道曰:「內聖外王之道也,惜其老矣,無所用於世。」先君嘗有詩云:「草軟波平風細細,雲輕日淡柳低撋。狂吟不記道何句_{初雲狂言不記道何事,}_{後改作此,}劇飲未嘗如此盃。景好只知閑信步,朋歡那覺太開懷。必期快作賞心事,卻恐賞心難便來。」明道有詩和云:「先生相與賞西街,小子親攜几杖來。行處每容參極論,坐隅還許侍餘盃;檻前流水心同樂,林外青山眼重開。時泰心閑難兩得,直須乘興數追陪。」又云:「月陂隄上四徘徊,北有中天百尺臺。萬物已隨秋色改,一樽聊爲晚涼開;水心雲影閑相照,林下泉聲靜自來。世事無端何足計,但逢嘉日約重陪。」先君有安樂窩,中好打乖詩,明道亦和詩云:「聖賢事業本經綸,肯爲巢由繼舊塵,三幣未回伊尹志,萬鍾難換子輿貧,客求墨妙多攜卷,天爲詩豪剩借春,時止時行皆有命,先生不是打乖人。」唯明道知先生爲深,故先君之葬,不肖請志其墓焉! [116]

異時,伊川同朱公掞訪先君,先君留之飲酒,因以論道。伊川指面 [117] 前食卓曰:「此卓安在地上,不知天地安在何處?」先君爲之極論天地萬物之理,以及六合之外。伊川嘆 [118] 曰:「平生唯見周茂叔論至此 [119],然不及先生之有條理也。」 [120]

---

[116] 〔宋〕邵伯溫:《易學辨惑》(臺北:臺灣商務印書館,1971 年景印文淵閣四庫全書),第九冊,頁 410。

[117] 《易學辨惑》「面」作「向」,邵伯溫:《易學辨惑》,頁 410。

[118] 《易學辨惑》「嘆」作「欸」,邵伯溫:《易學辨惑》,頁 411。

[119] 一本於「至此」二字下,另有「周茂叔道州人,名敦頤,二程之師也」之文,邵伯溫:《易學辨惑》,頁 411。

[120] 《二程集(上)‧河南程氏文集‧遺文‧傳聞續記》,頁 674,此記係取於邵伯溫《易學辨惑》所載。天按:原書「食卓」,宜作「食桌」。

伊川又同張子堅來，方春時，先君率同遊天門街看花。伊川辭曰：「平生未曾看花。」先君曰：「庸何傷乎？物物皆有至理，吾儕看花，異於常人，自可以觀造化之妙。」伊川曰：「如是則願從先生遊。」[121]

先君病且革[122]，伊川曰：「先生至此，他人無以致力，願先生自主張」，先君曰：「平生學道，固知[123]此矣，然亦無可主張。」伊川猶相問難不已。先君戲之曰：「正叔可謂生薑樹頭生，必是生薑樹頭死[124]也。」伊川曰：「從此與先生永訣矣！更有可以見告者乎？」先君聲氣已微，舉張兩手以示之。伊川曰：「何謂也？」先君曰：「面前路徑，須常令寬，路徑窄，則自無著身處，況能使人行也？」[125]

邵堯夫臨終時，只是諧謔，須臾而去。以聖人觀之，則亦未是，蓋猶有意也。比之常人，甚懸絕矣。他疾甚革，某往視之，因警之曰：「堯夫平生所學，今日無事否？」他氣微不能答。次日見之，卻有聲如絲髮來大，答云：「你道生薑樹上生，我亦只得依你說。」是時，諸公都在廳上議後事，各欲遷葬城中。堯夫已自為塋。佗在房間便聞得，令人喚大郎來云：「不得遷葬。」衆議

---

[121]《二程集（上）‧河南程氏文集‧遺文‧傳聞續記》，頁 674–675，此記係取於邵伯溫《易學辨惑》所載。

[122]一本於「病且革」下，另有「鄉人聚議後事於後，有欲葬近洛城者，時先君臥正寢，已知之，曰：祇從伊川先塋可也」之文，邵伯溫：《易學辨惑》，頁 411

[123]《易學辨惑》「知」作「至」，頁 411。

[124]《易學辨惑》「死」作「出」，頁 411。

[125]《二程集（上）‧河南程氏文集‧遺文‧傳聞續記》，頁 675，此記係取於邵伯溫《易學辨惑》所載。

始定。又諸公恐喧他，盡出外說話，佗皆聞得。一人云：有新報云云，堯夫問有甚事？曰有某事。堯夫曰：「我將為收卻幽州也。」以他人觀之，便以爲怪，此只是心虛而明，故聽得。問曰：「堯夫未病時不如此，何也？」曰：「此只是病後氣將絕，心無念慮，不昏，便如此。」又問：「釋氏臨終，亦先知死，何也？」曰：「只是一箇不動心。釋氏平生只學這箇事，將這箇做一件大事。學者不必學他，但燭理明，自能之。只如邵堯夫事，佗自如此，亦豈嘗學也？孔子曰：『未知生，焉知死？』人多言孔子不告子路，此乃深告之也。又曰：『原始要終，故知死生之說。』人能原始，知得生理，一作所以生。便能要終，知得死理。一作所以死。若不明得，便雖千萬般安排著，亦不濟事。」[126]

楊子安侍郎學禪，不信伊川，每力攻其徒，又使其親戚王元致問難於和靖先生曰：「六經蓋藥也，無病安所用乎？」先生曰：「固是。只爲開眼即是病。王屈服以歸。伊川自涪陵歸，過襄陽，子安在焉。子安問《易》從甚處起？時方揮扇，伊川以扇柄畫地一下，曰：「從這裏起。」子安無語。後至洛中，子安舉以告和靖先生且曰：「某當時悔不更問，此畫從甚處起？」和靖以告伊川。伊川曰：「待他問時，只與嘿然得似箇子安更喜懂也。」先生舉示子安，子安由此遂服。[127]

先生曰：「初見伊川時，教某看敬字，某請益。伊川曰：『主一則是敬。』當時雖領此語，然不若近時看得更親切。」寬問：

---

[126]《二程集（上）‧河南程氏遺書卷第十八‧伊川先生語四》，頁197–198。

[127]《二程集（上）‧河南程氏外書卷第十二‧傳聞雜記》，頁431，見祁寬所記尹和靖語。

「如何是主一，願先生善喻。」先生曰：「敬有甚形影？只收斂身心便是主一。且如人到神祠中致敬時，其心收斂，更著不得毫髮事，非主一而何？」又曰：「昔有趙承議從伊川學，其人性不甚利，伊川亦令看敬字。趙請益，伊川整衣冠、齊容貌而已。趙舉示先生，先生於趙言下有箇省覺處。」[128]

一日，二程先生侍太中公，訪康節於天津之廬。康節攜酒，飲月陂上，歡甚，語其平生學術出處之大致。明日，明道悵然謂門生周純明一作甫。曰：「昨從堯夫先生遊，聽其論議，振古之豪傑也。惜其無所用於世。」純明曰：「所言何如？」明道曰：「內聖外王之道也。」是日，康節有詩，明道和之，今各見集中。《聞見錄》。[129]

熙寧十年春，呂申公起知河陽，河南尹賈公昌衡率溫公、程伯淳餞於福先寺上東院，康節以疾不赴。明日，伯淳語康節曰：「君實與晦叔席上各辯論出處不已，顯以詩解之。」云云。同上。[130]

尹彥明與思叔同時師事伊川先生。思叔以高識，彥明以篤行，俱為先生所稱。先生沒，思叔亦病死。彥明窮居教學，未嘗少自貶屈，常以先生教人，專以「敬以直內」為本，彥明獨能力行

---

[128] 《二程集（上）・河南程氏外書卷第十二・傳聞雜記》，頁433。見祁寬所記尹和靖語。

[129] 《二程集（上）・河南程氏文集・遺文・傳聞續記此記係取朱子《名臣言行錄》及邵氏《易學辨惑》所載，以補《遺書》、《外書》之未備。若夫他書，豈無附見，然未敢必信，故不復取云。》，頁673。此為二先生語。

[130] 《二程集（上）・河南程氏文集・遺文・傳聞續記》，頁673，明道先生語。

之。[131]

游定夫問伊川「陰陽不測之謂神。」伊川曰：「賢是疑了問？是揀難底問？」[132]

今雍所著有《皇極經世》書，載有《正蒙》書，頤有《易》、《春秋傳》；顥雖未及著述，而門弟子質疑請益答問之語，存於世者甚多，又有書疏銘詩，並行於世，而傳者多失其眞。臣愚伏望陛下，特降指揮，下禮官討論故事，以此四人加之封號，載在祀典，以見聖世雖當禁暴誅亂、奉詞伐罪之時，猶有崇儒重道、尊德樂義之意；仍詔館閣裒集四人之遺書，委官校正，取旨施行，便於學者傳習。羽翼六經，以推尊仲尼、孟子之道，使邪說者不得乘閒而作，而天下之道術定，豈曰小補之哉？[133]

子謂門弟子曰：昔吾受《易》於周子，使吾求仲尼、顏子之所樂。要哉此言！二三子志之！[134]

伊川先生病革，門人郭忠孝往視之，子瞑目而臥。忠孝曰：「夫子平生所學，正要此時用。」子曰：「道著用便不是。」忠孝未出寢門而子卒。一本作或人仍載尹子之言曰：「非忠孝也。忠孝自黨事起，不與先生往來，先生卒，亦不致奠。」[135]

---

[131]《二程集（上）·河南程氏外書卷第十二·傳聞雜記》，頁 444。
此見《呂氏雜志》。
[132]《二程集（上）·河南程氏外書卷第十二·傳聞雜記》，頁 443。
此見晁氏客語。
[133]《二程集（上）·河南程氏遺書·附錄·奏狀節略》，頁 349。
[134]《二程集（下）·河南程氏粹言卷第一·論書篇》，頁 1203。
[135]《二程集（上）·河南程氏遺書卷第二十一下·伊川先生語七下·附師說後》，頁 276。

(六)論《易傳》撰作[136]

元符二年正月，《易傳》成而序之。[137]

《易》，變易也，隨時變易以從道也。其爲書也，廣大悉備，將以順性命之理，通幽明之故，盡事物之情，而示開物成務之道也。聖人之憂患後世，可謂至矣。去古雖遠，遺經尙存。然而前儒失意以傳言，後學誦言而忘味。自秦而下，蓋無傳矣。予生千一有餘字。載之後，悼斯文之湮晦，將俾後人沿一作泝。流而求源，此《傳》所以作也。《易》有聖人之道四焉：「以言者尙其辭，以動者尙其變，以制器者尙其象，以卜筮者尙其占。」吉凶消長之理，進退存亡之道，備於辭。推辭考卦，可以知變，象與占在其中矣。君子居則觀其象而玩其辭，動則觀其變而玩其占。得於辭，不達其意者有矣；未有不得於辭而能通其意者也。至微者理也，至著者象也。體用一源，顯微無間。觀會通以行其典禮，則辭無所不備。故善學者，求言必自近。易於近者，非知言者也。予所傳者辭也，由辭以得意，則在一作存。乎人焉。有宋元符二年己卯正月庚申，河南程頤正叔謹序。[138]

如《定性書》及〈明道敘述〉、〈上富公與謝帥書〉中，刪卻數十字，及〈辭官表〉倒卻次序，《易傳・序》改沿爲泝，〈祭文〉改姪爲猶子之類，皆非本文，必是文定刪改。熹看得此數

---

[136] 以下《易傳》均指程頤所撰之《易傳》。

[137]《二程集（上）・河南程氏遺書・附錄・伊川先生年譜》，頁345。

[138]《二程集（上）・河南程氏文集卷第八・伊川先生文四・雜著・易傳序》，頁582–583。

處，有無甚害者，但亦可惜改卻本文，蓋本文自不害義理故也，〈敘述〉及〈富謝書〉是也。有曲爲回互，而反失事實，害義理者，〈辭表〉是也。曲爲回互，便是私意害義理矣。惟《定性書》首尾雖非切要之辭，然明道謂橫渠實父表弟。聞道雖有先後，然不應以聞道之故，傲其父兄如此。《語錄》說二先生與學者與有不合處，明道則曰「更有商量」，伊川則直云「不是」。明道氣象如此，與今所刪之書，氣象類乎？不類乎？且文定答學者書，雖有不合，亦甚宛轉，不至如此無含蓄，況明道乎？今如此刪去，不過是減得數十箇閑字，而壞卻一箇從容和樂底大體氣象。恐文定亦是偶然一時意思，欲直截發明向上事，更不暇照管此等處。或是當時未見全本，亦不可知。今豈可曲意徇[139]從邪？[140]

熹請復論沿泝猶子之說，以實前議。夫改沿爲泝之說，熹亦竊聞之矣。如此曉破，不爲無力。然所以不可改者：蓋先生之言垂世已久，此字又無大害義理，若不以文辭害其指意，則只爲沿字，而以因字尋字循字之屬訓之，於文似無所害，而意亦頗寬舒。必欲改爲泝字，雖不無一至之得，然其氣象卻殊迫急，似有彊探力取之弊。疑先生所以不用此字之意，或出於此。不然，夫豈不知沿泝之別而有此謬哉？蓋古書沿字，亦不皆爲順流而下之字也。《荀子》云：「反鉛察之。」注云：「鉛與沿同，循也。」惜乎當時莫或疑而扣之，以祛後人之惑；後之疑者，又不能闕而遽改之。是以先生之意終已不明，而舉世之人亦莫之思也。大抵古書有未安

---

[139] 呂本「徇」作「苟」。

[140] 《二程集（上）‧河南程氏文集‧附錄‧晦菴辯論胡本錯誤書》，頁676。

處，隨事論著，使人知之可矣；若遽改之以沒其實，則安知其果無未盡之意邪？漢儒釋經，有欲改易處，但云某當作某，後世猶或非之，況遽改乎？且非特漢儒而已。孔子刪《書》，「血流漂杵」之文，因而不改，孟子繼之，亦曰：「吾於〈武成〉取二三策而已。」終不刊去此文，以從己意之便也。然熹又竊料改此字者當時之意，亦但欲使人知有此意，未必不若孟子之於〈武成〉，但後人崇信太過，便憑此語，塗改舊文，自爲失耳。愚竊以爲此字決當從舊，尤所當改。若老兄必欲存之，以見泝字之有力，則請正文只作沿字，而注其下云，某人云：「沿當作泝。」不則云，胡本沿作泝。不則但云或人可也。如此兩存，使讀者知用力之方，改者無專輒之咎，而先生之微音餘韻，後世尙有默而識之者，豈不兩全其道而無所傷乎？[141]

和靖嘗以《易傳・序》請問曰：「『至微者理也，至著者象也，體用一原，顯微無間』，莫太洩露天機否？」伊川曰：「如此分明說破，猶自人不解悟。」祁寬錄云：伊川曰：「汝看得如此甚善。」呂堅中錄云：伊川曰：「亦不得已言之耳。」[142]

先生曰：「伊川〈易序〉既成，其中有曰：『體用一源，顯微無間。』」先生告伊川曰：「似太洩漏天機。」伊川曰：「汝看得如此甚善。」[143]

---

[141]《二程集（上）・河南程氏文集・附錄・晦菴辯論胡本錯誤書南軒語附》，頁 683–684。

[142]《二程集（上）・河南程氏外書卷第十二・傳聞雜記》，頁 430。此為馮忠恕所記尹焞語。

[143]《二程集（上）・河南程氏外書卷第十二・傳聞雜記》，頁 439。祁寬所記《尹和靖語》。

至顯者莫如事，至微者莫如理，而事理一致，微顯一源。古之君子所謂善學者，以其能通於此而已。[144]

夫頤之文，於《易》，則因理以明象，而知體用之一原。[145]

伊川自涪陵歸，《易傳》已成，未嘗示人。門弟子請益，有及《易》書者，方命小奴取書篋以出，身自發之，以示門弟子，非所請不敢多閱。一日出《易傳‧序》示門弟子，先生受之歸，伏讀數日後，見伊川。伊川問所見。先生曰：「某固欲有所問，然不敢發。」伊川曰：「何事也？」先生曰：「至微者理也，至著者象也。『體用一源，顯微無間』，似太露天機也。」伊川歎美曰：「近日學者何嘗及此？某亦不得已而言焉耳。」[146]

子曰：《易》，變易也，隨時變易以從道也。至微者理，至著者象，體用一源，顯微無閒。故善學者求之必自近。易於近，非知《易》者也。[147]

郭忠孝議《易傳‧序》曰：「《易》即道也，又何從道？」或以問伊川，伊川曰：「人隨時變易為何？為從道也。」[148]

來書云：《易》之義本起於數。謂義起於數則非也。有理而後有

---

[144] 《二程集（上）‧河南程氏遺書卷第二十五‧伊川先生語十一‧暢潛道錄》，頁323。

[145] 《二程集（上）‧河南程氏遺書‧附錄‧奏狀節略》，頁349。

[146] 《二程集（上）‧河南程氏外書卷第十二‧傳聞雜記》，頁439-440。此為呂堅中所記《尹和靖語》。

[147] 《二程集（下）‧河南程氏粹言卷第一‧論書篇》，頁1200。

[148] 《二程集（上）‧河南程氏外書卷第十一‧時氏本拾遺》，頁411。

象，有象而後有數。《易》因象以明理，由象而知數。得其義，則象數在其中矣。必欲窮象之隱微，盡數之毫忽，乃尋流逐末，術家之所尙，非儒者之所務也。管輅、郭璞之徒是也。[149]

理無形也，故因象以明理。理旣見乎辭矣，則可由辭以觀象。故曰：得其義，則象數在其中矣。[150]

子曰：至顯莫如事，至微莫如理，而事理一致也，微顯一源也。古之所謂善學，以其能通於此而已。[151]

尹子曰：先生之葬，洛人畏入黨，無敢送者，故祭文惟張繹、范域、孟厚及焞四人。乙夜，有素衣白馬至者，視之，邵溥也，乃附名焉。蓋溥亦有所畏而薄暮出城，是以後。又按：《語錄》云：先生以《易傳》授門人曰：「只說得七分，學者更須自體究。」故祭文有七分之語云。[152]

先生嘗說：「某於《易傳》，今卻已自成書，但逐旋修改，期以七十，其書可出。韓退之稱『聰明不及於前時，道德日負於初心』，然某於《易傳》，後來所改者無幾，不知如何？故且更期之以十年之功，看如何。」[153]

---

[149] 《二程集（上）·河南程氏文集卷第九·伊川先生文五·書啓·答張閎中書》，頁 615。
[150] 《二程集（上）·河南程氏文集卷第九·伊川先生文五·書啓·答張閎中書》，頁 615。
[151] 《二程集（下）·河南程氏粹言卷第一·論事篇》，頁 1222。
[152] 《二程集（上）·河南程氏遺書·附錄·祭文》，頁 347–348。
[153] 《二程集（上）·河南程氏遺書卷第十七·伊川先生語三》，頁 175。

張閎中以書問《易傳》不傳，及曰「《易》之義本起於數。」程子答曰：「《易傳》未傳，自量精力未衰，尚冀有少進爾。然亦不必直待身後，覺老耄則傳矣。書雖未出，學未嘗不傳也。第患無受之者爾。來書云：『《易》之義本起於數。』謂義起於數則非也。有理而後有象，有象而後有數。《易》因象以明理，由象以知數，得其義則象數在其中矣。必欲窮象之隱微，盡數之毫忽，乃尋流逐末，術家之所尚，非儒者之所務也，管輅、郭璞之學是也。」又曰：「理無形也，故因象以明理。理見乎辭矣，則可由辭以觀象。故曰：『得其義則象數在其中矣。』」[154]

五年，復宣義郎，致仕。見《實錄》。時《易傳》成書已久，學者莫得傳授，或以為請。先生曰：「自量精力未衰，尚覬有少進耳。」其後寢疾，始以授尹焞、張繹。尹焞曰：「先生踐履盡《易》，其作《傳》只是因而寫成，熟讀玩味，即可見矣。」又云：「先生平生用意，惟在《易傳》，求先生之學者，觀此足矣。《語錄》之類，出於學者所記，所見有淺深，故所記有工拙，蓋未能無失也。」見《語錄》。[155]

伊川以《易傳》示門人曰：「只說得七分，後人更須自體究。」[156]

門弟子請問《易傳》事，雖有一字之疑，伊川必再三喻之，蓋其

---

[154]《二程集（上）‧河南程氏遺書卷第二十一上‧伊川先生語七上‧師說》，頁271。

[155]《二程集（上）‧河南程氏遺書‧附錄‧伊川先生年譜》，頁345。

[156]《二程集（上）‧河南程氏外書卷第十一‧時氏本拾遺》，頁417。

潛心甚久，未嘗容易下一字也。[157]

《易傳》未傳，自量精力未衰，尚覬有少進爾。然亦不必直待身後，覺耄則傳矣。書雖未出，學未嘗不傳也，第患無受之者爾。[158]

子爲《易傳》成，門人再三請傳，終不可，問其故。子曰：「尚不祈有少進也乎？」時年已七十餘矣。[159]

子旣老，門人屢請《易傳》，敎而習之，得以親質諸疑。子曰：「書雖未出，而《易》未嘗不傳也，但知之者鮮耳。」其後黨論大興，門人弟子散而四歸，獨張繹受其書於垂絕之日。[160]

先生云：「吾四十歲以前讀誦，五十以前研究其義，六十以前反覆紬繹，六十以後著書。」著書不得已。[161]

人思如湧泉，浚之愈新。[162]

---

[157] 《二程集（上）·河南程氏外書卷第十二·傳聞雜記》，頁 440。本段出自呂堅中所記《尹和靖語》。

[158] 《二程集（上）·河南程氏文集卷第九·伊川先生文五·書啓·答張閎中書》，頁 615。

[159] 《二程集（下）·河南程氏粹言卷第一·論書篇》，頁 1205。

[160] 《二程集（下）·河南程氏粹言卷第一·論書篇》，頁 1206。

[161] 《二程集（上）·河南程氏遺書卷第二十四·伊川先生語十·鄒德久本》，頁 314。

[162] 《二程集（上）·河南程氏遺書卷第二十四·伊川先生語十·鄒德久本》，頁 314。

(七)論占卜術數

卜筮之能應，祭祀之能享，亦只是一箇理。蓍龜雖無情，然所以為卦，而卦有吉凶，莫非有此理。以其有是理也，故以是問一作心向。焉，其應也如響。若以私心及錯卦象而問之，便不應，蓋沒此理。今日之理與前日已定之理，只是一箇理，故應也。至如祭祀之享亦同。鬼神之理在彼，我以此理向之，故享也。不容有二三，只是一理也。如處藥治病，亦只是一箇理。此藥治箇如何氣，有此病服之即應，若理不契，則藥不應。[163]

子曰：卜筮在我，而應之者蓍龜也；祭祀在我，而享之者鬼神也。夫豈有二理哉？亦一人之心而已。卜筮者以是心求之，其應如響；徇以私意及顚錯卦象而問焉，未有能應者，蓋無其理也。古之言事鬼神者，曰如有聞焉，如有見焉，則是鬼神答之矣，非真有見聞也。然則如有見聞者，誰歟？[164]

物之可卜者，惟龜與羊髀骨可用，蓋其坼可驗吉凶。[165]

卜筮在精誠，疑則不應一本注云：「疑心微生，便是不應。楊子江依憑事是此理。」[166]

「不占而已」，有吉凶便占，無常之人更不待占。[167]

---

[163]《二程集（上）‧河南程氏遺書卷第二下‧二先生語二下‧附東見錄後》，頁51–52。

[164]《二程集（下）‧河南程氏粹言卷第二‧天地篇》，頁1225。

[165]《二程集（上）‧河南程氏遺書卷第三‧二先生語三‧伊川先生語》，頁63。

[166]《二程集（上）‧河南程氏遺書卷第六‧二先生語六》，頁84。

[167]《二程集（上）‧河南程氏遺書卷第八‧二先生語八》，頁102。

問：「高宗得傅說於夢，文王得太公於卜。古之聖賢相遇多矣，何不盡形於夢卜乎？」曰：「此是得賢之一事，豈必盡然？蓋高宗至誠，思得賢相，寤寐不忘，故眹兆先見於夢。如常人夢寐閒事有先見者多矣，亦不足怪。至於卜筮亦然。今有人懷誠心求卜，有禱輒應，此理之常然。」又問：「高宗夢往求傅說耶？傅說來入高宗夢耶？」曰：「高宗只是思得賢人，如有賢人，自然應他感。亦非此往，亦非彼來。譬如懸鏡於此，有物必照，非鏡往照物，亦非物來入鏡也。大抵人心虛明，善則必先知之，不善必先知之。有所感必有所應，自然之理也。」又問：「或言高宗於傅說，文王於太公，蓋已素知之矣，恐群臣未信，故託夢卜以神之。」曰：「此僞也，聖人豈僞乎？」[168]

古者卜筮，將以決疑也。今之卜筮則不然，計其命之窮通，校其身之達否而已矣。噫！亦惑矣。[169]

不思故有惑，不求故無得，不問故不知。[170]

子曰：卜筮將以決疑也。今之人獨計其一身之窮通而已，非惑夫？[171]

見攝生者而問長生，謂之大愚。見卜者而問吉凶，謂之大惑。[172]

[168]《二程集（上）‧河南程氏遺書卷第十八‧伊川先生語四》，頁227-228。

[169]《二程集（上）‧河南程氏遺書卷第二十五‧伊川先生語十一‧暢潛道錄》，頁326。

[170]《二程集（上）‧河南程氏遺書卷第二十五‧伊川先生語十一‧暢潛道錄》，頁327。

[171]《二程集（下）‧河南程氏粹言卷第二‧心性篇》，頁1259。

[172]《二程集（上）‧河南程氏遺書卷第二十五‧伊川先生語十一‧暢潛道錄》，頁327。

子曰：見攝生者而問長生，可謂大愚；見卜者而問吉凶，可謂大惑。[173]

子曰：卜筮有疑心，則不應。[174]

關子明推占吉凶，必言致之之由與處之之道，曰：「大哉人謀，其與天地相終始乎！故雖天命可以人勝也。善養生者，引將盡之年；善保國者，延旣衰之祚，有是理也。」[175]

有人言：「郭璞以鳩鬪占吉凶。」子厚言：「此爲他誠實信之，所以就而占得吉凶。」正叔言：「但有意向此，便可以兆也，非鳩可以占吉凶耳。」[176]

棣問：「如《儀禮》中禮制，可考而信否？」曰：「信其可信。如言昏禮云，問名、納吉、納幣、皆須卜，豈有問名了而又卜？苟卜不吉，事可已邪？若此等處難信也。」「又嘗疑卜郊亦非，不知果如何？」曰：「《春秋》卻有卜郊，但卜上辛不吉，則當卜中辛，中辛又不吉，則當便用下辛，不可更卜也。如魯郊三卜，四卜，五卜，而至不郊，非禮。」又問：「三年一郊，與古制如何？」曰：「古者一年之閒，祭天甚多，春則因民播種而祈穀，夏則恐旱暵而大雩，以至秋則明堂，多則圓丘，皆人君爲民之心也。凡人子不可一日不見父母，國君不可一歲不祭天，豈有

---

[173]《二程集（下）‧河南程氏粹言卷第一‧論學篇》，頁1197。

[174]《二程集（下）‧河南程氏粹言卷第一‧論書篇》，頁1205。

[175]《二程集（下）‧河南程氏粹言卷第二‧天地篇》，頁1224。

[176]《二程集（上）‧河南程氏遺書卷第十‧二先生語十‧洛陽議論蘇昞季明錄》，頁113。

三年一親郊之理？」[177]

又問：「郊天多至當卜邪？」曰：「多至祭天，夏至祭地，此何待卜邪？」又曰：「天與上帝之說如何？」曰：「以形體言之謂之天，以主宰言之謂之帝，以功用言之謂之鬼神，以妙用言之謂之神，以性情言之謂之乾。」[178]

（定之方中）美建國之得其時制。一章言建國之事，次章言相土地之初，屬文之勢然也。今文首言其事，然後原其初者多矣。既度其可，然後卜以決之。卜洛亦然，古人之為皆是也。人謀臧，則龜筮從矣。[179]

世間術數多，惟地理之書最無義理。祖父葬時，亦用地理人，尊長皆信，惟先兄與某不然。後來只用昭穆法。或問：「憑何文字擇地？」曰：「只昭穆 兩字一作眼。便是書 [180] 也。但風順 [181] 地厚處足矣。某用昭穆法葬一穴，既而尊長召地理人到葬處，曰：「此是商音絕處，何故如此下穴？」某應之曰：「固知是絕處，且試看如何。」某家至今，人已數倍之矣。[182]

---

[177] 《二程集（上）‧河南程氏遺書卷第二十二上‧伊川先生語八上‧伊川雜錄》，頁 286-287。

[178] 《二程集（上）‧河南程氏遺書卷第二十二上‧伊川先生語八上‧伊川雜錄》，頁 288。

[179] 《二程集（下）‧河南程氏經說卷第三‧伊川先生‧詩解‧國風‧定之方中》頁 1052。

[180] 王孝魚校記云：「呂本、徐本「書」上有『地理』二字。」

[181] 王孝魚校記云：「呂本、徐本『順』作『調』。」

[182] 《二程集（上）‧河南程氏遺書卷第二十二上‧伊川先生語八上‧伊川雜錄》，頁 290。

（八）其他

古言〈乾〉、〈坤〉退處不用之地，而用六子。若人，則便分君
道無爲，臣道有爲。若天，則誰與佗安排？佗如是，須有道理。
故如八卦之義，須要玩索。[183]

孔子感麟而作《春秋》，或謂不然，如何？曰《春秋》不害感麟
而作，然麟不出，《春秋》豈不作？孔子之意，蓋亦有素，因此
一事乃作，故其書之成，復以此終。大抵須有發端處，如畫八
卦，因見《河圖》、《洛書》。果無《河圖》、《洛書》，八卦
亦須作。[184]

大抵卦爻始立，義既具，即聖人別起義以錯綜之。如《春秋》以
前，既已立例，到近後來，書得全別，一般事便書得別有意思，
若依前例觀之，殊失之也。[185]

韓退之作〈羑里操〉云：「臣罪當誅兮，天王聖明。」道得文王
心出來，此文王至德處也。[186]

問：「先生曾定六禮，今已成未？」曰：「舊日作此，已及七
分，後來被召入朝，既在朝廷，則當行之朝廷，不當爲私書，既

---

[183]《二程集（上）·河南程氏遺書卷第二上·二先生語二上·元豐己
未呂與叔東見二先生語》，頁 39。
[184]《二程集（上）·河南程氏遺書卷第十五·伊川先生語一·入關語
錄》，頁 160。
[185]《二程集（上）·河南程氏遺書卷第十七·伊川先生語三》，頁
174
[186]《二程集（上）·河南程氏遺書卷第十八·伊川先生語四》，頁
232。

而遭憂，又疾病數年，今始無事，更一二年可成也。」曰：「聞
有《五經解》，已成否？」曰：「惟《易》須親撰，諸經則關中
諸公分去，以某說撰成之。《禮》之名數，陝西諸公刪定，已送
與呂與叔，與叔今死矣，不知其書安在也？然所定只禮之名數，
若禮之文，亦非親作不可也。《禮記》之文，亦刪定未了，蓋其
中有聖人格言，亦有俗儒乖謬之說。乖謬之說，本不能混格言，
只爲學者不能辨別，如珠玉之在泥沙。泥沙豈能混珠玉？只爲無
人識，則不知孰爲泥沙，孰爲珠玉也。聖人文章，自然與學爲文
者不同。如〈繫辭〉之文，後人決學不得，譬之化工生物。且如
生出一枝花，或有翦裁爲之者，或有繪畫爲之者，看時雖似相
類，然終不若化工所生，自有一般生意。」[187]

《禮記》〈儒行〉、〈經解〉，全不是。因舉呂與叔解亦云：
「〈儒行〉夸大之語，非孔子之言，然亦不害義理。」先生曰：
「煞害義理。恰限《易》，便只『潔靜精微』了卻；《詩》，便
只『溫柔敦厚』了卻，皆不是也。」[188]

又問六天之說。曰：「此起於《讖書》，鄭玄之徒從而廣之甚可
笑也。帝者，氣之主也。東則謂之青帝，南則謂之赤帝，西則謂
之白帝，北則謂之黑帝，中則謂之黃帝。豈有上帝而別有五帝之
理？此因《周禮》言祀昊天上帝，而後又言祀五帝亦如之，故諸
儒附此說。」又問：「《周禮》之說果如何？」曰：「《周禮》
中說祭祀，更不可考證。六天之說，正與今人說六子是〈乾〉、

---

[187]《二程集（上）·河南程氏遺書卷第十八·伊川先生語四》，頁
239–240。
[188]《二程集（上）·河南程氏遺書卷第十九·伊川先生語五》，頁
254。

〈坤〉退居不用之時同也。不知〈乾〉、〈坤〉外，甚底是六子？譬如人之四肢，只是一體耳。學者大惑也。」[189]

作《易》，自天地幽明至於昆蟲草木微物無不合。[190]

子曰：作《易》者，自天地幽明，至於昆蟲草木之微，無一而不合。[191]

《詩》、《書》、《易》言聖人之道備矣，何以復作《春秋》？蓋《春秋》聖人之用也。《詩》、《書》、《易》如律，《春秋》如斷案；《詩》、《書》、《易》如藥方，《春秋》如治法。[192]

《子夏易》雖非卜商作，必非杜子夏所能為，必得於師傳也。[193]

《易》學，後來曾子、子夏學得煞到上面也。[194]

或問：「聖人有過乎？」子曰：「聖人而有過，則不足以為聖人矣。」曰：「夫子學《易》而後無大過者，何謂也？」子曰：「非是之謂也。猶刪《詩》定《書》正樂之意也。自期年至于五十，然後乃贊《易》，則《易》道之過誤者鮮矣。」曰：「《易》亦有過乎？」曰：「如《八索》之類，亂《易》者多

---

[189] 《二程集（上）・河南程氏遺書卷第二十二上・伊川先生語八上・伊川雜錄》，頁 287。

[190] 《二程集（上）・河南程氏外書卷第七・胡氏本拾遺》，頁 394。

[191] 《二程集（下）・河南程氏粹言卷第一・論書篇》，頁 1207。

[192] 《二程集（上）・河南程氏外書卷第九・春秋錄拾遺》，頁 401。

[193] 《二程集（上）・河南程氏外書卷第十・大全集拾遺》，頁 404。

[194] 《二程集（上）・河南程氏外書卷第十・大全集拾遺》，頁 404。

矣。」[195]

子曰：「加我數年，五十以學《易》，可以無大過矣。」此未贊《易》時言也。更加我數年，至五十，以學《易》道，無大過矣。古之傳《易》，如《八索》之類，皆過也，所以《易》道未明。聖人有作，則《易》道明矣。云學，云大過，皆謙辭。[196]

「加我數年，五十以學《易》」，時年未五十也。孔子未發明《易》道之時，如《八索》之類，不能無謬亂；既贊《易》道，黜《八索》，則《易》之道可以無過謬。言「學」與「大」，皆謙也。[197]

子曰：小人之於君，能深奪其志，未有由顯明以道合者。[198]

《春秋·序》兩處，觀其語脈文勢，似熹所據之本爲是。先天二字，卷中論之已詳，莫無害於理否？理既無害，文意又協，何爲而不可從也？「聖人之用」下，著心字語意方足，尤見親切主宰處，下文所謂「得其意」者是也。不能窺其用心，則其用豈易言哉？故得其意，然後能法其用，語序然也。其精微曲折，蓋有不苟然者矣。若謂用心非所以言聖人，則《孟子》、《易傳》中言聖人之用心者多矣。蓋人之用處，無不是心，自聖人至於下愚一也。但所以用之者有精粗邪正之不同，故有聖賢下愚之別。不可

---

[195]《二程集（下）·河南程氏粹言卷第二·聖賢篇》，頁 1228-1229。

[196]《二程集（下）·河南程氏經說卷第六·伊川先生·論語解·述而》頁 1145。

[197]《二程集（上）·河南程氏外書卷第三·陳氏本拾遺》，頁 368。

[198]《二程集（下）·河南程氏粹言卷第二·君臣篇》，頁 1243。

謂聖人全不用心，又不可謂聖人無心可用，但其用也，妙異乎常人之用耳。然又須知即心即用，非有是心而又有用之者也。別紙。[199]

蓋古雖已有文字，而制立法度，爲治有迹，得以紀載，有史官之職以志其事，自堯始。其八卦之說，謂之《八索》，前世說《易》之書也。《易》本八卦，故以八名。夫子贊《易》道以黜去是書，所謂「加我數年，五十以學《易》，可以無大過矣。」舊書之過可見也，芟夷繁亂，翦截浮辭，舉其宏綱，撮其機要。人或疑前代之書，聖人必無所刪改，此亦不然。[200]

楊子曰：「法始乎伏羲，成乎堯。」蓋伏羲始畫卦，造書契，開其端矣；至堯而與世立則，著其典常，成其治道，故云成也。[201]

子曰：上天之載，無聲無臭之可聞。其體則謂之易，其理則謂之道，其命在人則謂之性，其用無窮則謂之神，一而已矣。[202]

或問：「信在四端，猶土王四季乎？」子曰：「信無在，無不在。在《易》則至理也，在《孟子》則配道義之氣也。」[203]

子曰：能盡飲食言語之道，則能盡出處去就之道矣。能盡出處去

[199]《二程集（上）·河南程氏文集·附錄·晦菴辯論胡本錯誤書南軒語附》，頁681。

[200]《二程集（下）·河南程氏經說卷第二·伊川先生·書解》，頁1032。

[201]《二程集（下）·河南程氏經說卷第二·伊川先生·書解》，頁1033。

[202]二程集（下）·河南程氏粹言卷第一·論道篇》，頁1170。

[203]《二程集（下）·河南程氏粹言卷第一·論道篇》，頁1176。

就之道，則能盡死生之道矣。其致一也。[204]

子曰：莫大於道，莫妙於神。至大至妙，宜若難言也。聖人語之，猶常事爾。使學者玩而索之，故其味長，釋氏之言，夸張閎侈，將以駭人耳目而動其心，意已盡而言未已，故其味短。[205]

語高則旨遠，言約則義微。大率《六經》之言涵蓄，無有精粗。欲言精微，言多則愈粗。[206]

季明問：「『君子時中』，莫是隨時否？」曰：「是也。中字最難識，須是默識心通。且試言一廳則中央為中，一家則廳中非中而堂為中，言一國則堂非中而國之中為中，推此類可見矣。且如初寒時，則薄裘為中；如在盛寒而用初寒之裘，則非中也。更如三過其門不入，在禹、稷之世為中，若居陋巷，則不中矣。居陋巷，在顏子之時為中，若三過其門不入，則非中也。」或曰：「男女不授受之類皆然。」曰：「是也。男女不授受中也，在喪祭則不如此矣。」[207]

「故者以利為本」，故是本如此也，纔不利便害性，利只是順。天下只是一箇利，孟子與《周易》所言一般。只為後人趨著利便有弊，故孟子拔本塞源，不肯言利。[208]

---

[204] 《二程集（下）・河南程氏粹言卷第一・論道篇》，頁1178。
[205] 《二程集（下）・河南程氏粹言卷第一・論道篇》，頁1181。
[206] 《二程集（上）・河南程氏遺書卷第十五・伊川先生語一・入關語錄或云：明道先生語》，頁148。
[207] 《二程集（上）・河南程氏遺書卷第十八・伊川先生語四》，頁214。
[208] 《二程集（上）・河南程氏遺書卷第十八・伊川先生語四》，頁215。

故誠心而王則王矣，假之而霸則霸矣，二者其道不同，在審其初而已。《易》所謂「差若毫釐繆以千里」者，其初不可不審也。[209]

---

[209] 二程集（上）‧河南程氏文集卷第一‧明道先生文一‧表疏‧論王霸劄子》，頁 451。天按：「差若毫釐繆以千里」一句見於《禮記‧經解》：「《易》曰：君子慎始，差若毫釐，繆以千里。」惟今通行本《易經》無此句。

二、周易上下經

(一) 乾卦

1. 通論

〈乾〉，聖人之分也，可欲之善屬焉。〈坤〉，學者之分也，有諸己之信屬焉。[1]

〈乾〉是聖人道理，〈坤〉是賢人道理。[2]

「喜怒哀樂未發謂之中」，只是言一箇中一作本。體。既是喜怒哀樂未發，那裡有箇甚麼？只可謂之中。如〈乾〉體便是健，及分在諸處，不可皆名健，然在其中矣。[3]

〈乾〉六爻，如欲見聖人曾履處，當以舜可見：在側陋便是潛，陶漁時便是見，升聞時便是乾乾，納于大麓時便是躍。[4]

如後人解《易》，言〈乾〉天道也，〈坤〉地道也，便是亂說。

---

[1] 《二程集（上）‧河南程氏遺書卷第四‧二先生語四‧游定夫所錄》，頁74。

[2] 《二程集（上）‧河南程氏遺書卷第五‧二先生語五》，頁79。

[3] 《二程集（上）‧河南程氏遺書卷第十七‧伊川先生語三》，頁180。

[4] 《二程集（上）‧河南程氏遺書卷第十九‧伊川先生語五‧楊遵道錄》，頁250。

論其體，則天尊地卑；如論其道，豈有異哉？[5]

昔見伊川問《易》：「〈乾〉、〈坤〉二卦斯可矣」。伊川曰：「聖人設六十四卦，三百八十四爻，後世尚不能了。〈乾〉、〈坤〉二卦，豈能盡也？」既坐，伊川復曰：「子以爲何人分上事？」對曰：「聖人分上事。」曰：「若聖人分上事，則〈乾〉、〈坤〉二卦亦不須，況六十四乎？」[6]

2. 卦辭

夫《易》卦之德，曰元亨利貞。或爲四：曰元也，亨也，利也，貞也。或爲二：曰大亨也，利於貞也。其詞既同，義可異乎？所以異者何謂？[7]

或問天帝之異。子曰：以形體謂之天，以主宰謂之帝，以至妙謂之神，以功用謂之神鬼，以情性謂之乾，其實一而已，所自而名之者異也。夫天，專言之則道也。[8]

天者，理也。神者，妙萬物而爲言者也。帝者，以主宰事而名。[9]

---

[5] 《二程集（上）·河南程氏遺書卷第十八·伊川先生語四》，頁183。

[6] 《二程集（上）·河南程氏外書卷第十二·傳聞雜記》，頁441，見呂堅中所記《尹和靖語》。

[7] 《二程集（上）·河南程氏文集卷第八·伊川先生文四·雜著·為家君作試漢洲學策問三首》，頁580。

[8] 《二程集（下）·河南程氏粹言卷第二·天地篇》，頁1225。

[9] 《二程集（上）·河南程氏遺書卷第十一·明道先生語一·師訓》，頁132。

3. 乾象

「雲行雨施」，是乾之亨處。[10]

伊川曰：「維天之命，於穆不已，忠也；乾道變化，各正性命，恕也。」[11]

「大明終始。」人能大明乾之終始，便知六位時成，卻時乘六龍以當天事。[12]

伊川曰：「維天之命，於穆不已，忠也；乾道變化，各正性命，恕也。」[13]

4. 乾象

惟陛下稽聖人之訓，法先王之治，一一作正。心誠意，體乾剛健而力行之，則天下幸甚！[14]

5. 初九

問：「龍能有能無，如何？」曰：「安能無？但能隱見耳。所以能隱見者，爲能屈伸爾。非特龍，凡小物甚有能屈伸者。」[15]

---

[10]《二程集（上）‧河南程氏遺書卷第十九‧伊川先生語五‧楊遵道錄》，頁 250。

[11]《二程集（上）‧河南程氏外書卷第七‧胡氏本拾遺》，頁 392。

[12]《二程集（上）‧河南程氏遺書卷第十九‧伊川先生語五‧楊遵道錄》，頁 251。

[13]《二程集（上）‧河南程氏外書卷第七‧胡氏本拾遺》，頁 392。

[14]《二程集（上）‧河南程氏文集卷第一‧明道先生文一‧表疏‧上殿劄子》，頁 448。

[15]《二程集（上）‧河南程氏遺書卷第二十二下‧伊川先生語八下‧附雜錄後》，頁 300。

6. 九二

九二「利見大人」，九五「利見大人」。聖人固有在上者，在下者。[16]

孟子曰「天民」者，達可行於天下而後行之者也；「大人」者，正己而物正者也。曰「天民」者，能盡天民之道者也，踐形者是也，如伊尹可當之矣。民之名則似不得位者，必達可行於天下而後行之者也。大人者，則如〈乾〉之九二，「利見大人」，「天下文明」者也。天民大人，亦繫乎時與不時爾。[17]

7. 九三

或曰：「文中子答或人學《易》之問曰：『終日乾乾可也。』此盡道之言也。文王之聖，純亦不已耳。」子曰：「凡講經義，等次推而上之，焉有不盡者？然理不若是也。終日乾乾，未足以盡《易》，在九三可也。苟曰乾乾者不已也，不已者道也，道者易也，等次推而上之，疑無不可者，然理不若是也。」[18]

問：「瑩中嘗愛文中子『或問學《易》，子曰：終日乾乾可也。』此語最盡。文王所以聖，亦只是箇不已。」先生曰：「凡說經義，如只管節節推上去，可知是盡。夫終日乾乾，未盡得《易》。據此一句，只做得九三使。若謂乾乾是不已，不已又是

道，漸漸推去，則自然是盡，只是理不如此。」[19]

「反復道也」，言終日乾乾往來，皆由於道也。三位在二體之中，可進而上，可退而下，故言反復。「知至至之」，如今學者且先知有至處，便從此至之，是「可與幾也。」非知幾者，安能先識至處？「知終終之」，知學之終處而終之，然後「可與守義。」王荆公云：「九三知九五之位可至而至之。」大煞害事。使人臣常懷此心，大亂之道，亦自不識湯、武。「知至至之」，只是至其道也。[20]

8. 九四

或問：「胡先生以九四爲太子爻，可乎？」子曰：「胡爲而不可？當大臣則爲大臣，當儲貳則爲儲貳，顧用之如何耳。苟知其一而不知其變，則三百八十四爻止於三百八十四事而已矣。」[21]

問：「胡先生解九四作太子，恐不是卦義。」先生云：「亦不妨，只看如何用。當儲貳，則做儲貳。使九四近君，便作儲貳亦不害，但不要拘一。若執一事，則三百八十四爻只作得三百八十四件事便休也。」[22]

---

[19]《二程集（上）‧河南程氏遺書卷第十九‧伊川先生語五》，頁251。

[20]《二程集（上）‧河南程氏遺書卷第十九‧伊川先生語五》，頁248。本則互見於〈通論‧評前人易說‧評王安石易說〉。

[21]《二程集（下）‧河南程氏粹言卷第一‧論書篇》，頁1204。

[22]《二程集（上）‧河南程氏遺書卷第十九‧伊川先生語五》，頁249。本則互見於〈通論‧評前人易說‧評胡瑗易說〉。

人之學，當以大人爲標垛，然上面更有化爾。人當學顏子之學。
一作事。[23]

9. 文言

(1)卦辭

自古元不曾有人解仁字之義，須於道中與他分別出五常，若只是
兼體，若只有四也。且譬一身：仁，頭也；其他四端，手足也。
至如《易》，雖言「元者善之長」，然亦須通四德以言之，至如
八卦，《易》之大義在乎此，亦無人曾解來。乾健坤順之類，亦不
曾果然體認得。[24]

「子罕言利」，非使人去利而就害也，蓋人不當以利爲心。
《易》曰：「利者義之和。」以義而致利斯可矣。[25]

子曰：元者物之先也。物之先，未有不善者。成而後有敗，興而
後有衰，得而後有失，事無不然者。故孔子贊之曰：「元者善
之長也。」[26]

「可欲之謂善」，便與「元者善之長」同理。[27]

---

[23]《二程集（上）・明道先生語二・戌冬見伯淳先生洛中所聞》，頁
136。

[24]《二程集（上）・河南程氏遺書卷第十五・伊川先生語一・入關語
錄》，頁154。

[25]《二程集（上）・河南程氏外書卷第六・羅氏本拾遺》，頁383。
此爲伊川語。

[26]《二程集（下）・河南程氏粹言卷第二・人物篇》，頁1268。

[27]《二程集（上）・河南程氏遺書卷第二上・二先生語二上・元豐己
未呂與叔東見二先生語》，頁32。

元亨者，只是始而亨者也，此通人物而言，通，元本作詠字。謂始初發生，大概一例亨通也。及到利貞，便是「各正性命」後，屬人而言也。利貞者分在性與情，只性爲本，情是性之動處，情又幾時惡。「故者以利爲本」，只是順利處爲性，若情則須是正也。[28]

「乾元者，始而亨者也。利貞者，性情也。」性情猶言資質體段。亨毒化育皆利也。不有其功，常久而不已者，貞也。《詩》曰：「維天之命，於穆不已」者，貞也。[29]

「利貞者性情也」，言利貞便是〈乾〉之性情。因問：「利與『以利爲本』之利同否？」先生曰：「凡字只有一箇，用有不同，只看如何用。凡順理無害處便是利，君子未嘗不欲利。然孟子言『何必曰利』者，蓋只以利爲心則有害。如『上下交征利而國危』，便是有害。『未有仁而遺其親，未有義而後其君。』不遺其親，不後其君，便是利。仁義未嘗不利。」[30]

「天地之大德曰生」，「天地絪縕，萬物化醇」，「生之謂性」，告子此言是，而謂犬之性猶牛之性，牛之性猶人之性，則非也。萬物之生意最可觀，此元者善之長也，斯所謂仁也。人與天地一物也，而人特自小之，何耶？[31]

---

[28]《二程集（上）・河南程氏遺書卷第二上・二先生語二上・元豐己未呂與叔東見二先生語》，頁 33。

[29]《二程集（上）・河南程氏遺書卷第十一・明道先生語一・師訓》，頁 129。

[30]《二程集（上）・河南程氏遺書卷第十九・伊川先生語五・楊遵道錄》，頁 249。

[31]《二程集（上）・河南程氏遺書卷第十一・明道先生語一・師訓劉絢質夫錄》，頁 120。

(2)初九

「樂則行之，憂則違之」，樂與憂皆道也，非己之私也。[32]

(3)九二

子曰：閑邪則誠已存，非取誠於外，納諸中而存之也。故役役然於不善之中求善而爲之，必無入善之理。[33]

蓋人活物也，又安得爲槁木死灰？既活，則須有動作，須有思慮。必欲爲槁木死灰，除是死也。忠信所以進德者何也？閑邪則誠自存，誠存斯爲忠信也。如何是閑邪？非禮而勿視聽言動，邪斯閑矣。以此言之，又幾時要身如枯木，心如死灰？又如絕四後，畢竟如何，又幾時須如枯木死灰？敬以直內，則須君則是君，臣則是臣，凡事如此，大小大直截也。[34]

「正己而物正」，大人之事，學須如此。[35]

閑邪則誠自存，不是外面捉一箇誠將來存著。今人外面役役於不善，於不善中尋箇善來存著，如此則豈有入善之理？只是閑邪，則誠自存。故孟子言性善，皆由內出。只爲誠便存，閑邪更著甚工夫？但惟是動容貌、整思一作心。慮，則自然生敬，敬只是主一也。主一，則既不之東，又不之西，如是則只是中。既不之此，又不之彼，如是則只是內。存此，則自然天理明。學者須是

[32]《二程集（上）·河南程氏遺書卷第十四·明道先生語四·亥九月過汝所聞》，頁141。

[33]《二程集（下）·河南程氏粹言卷第一·論學篇》，頁1192。

[34]《二程集（上）·河南程氏遺書卷第二上·二先生語二上·元豐己未呂與叔東見二先生語》，頁26。

[35]《二程集（上）·河南程氏遺書卷第十一·明道先生語一·師訓》，頁119。

將一本無此字。敬以直內，涵養此意，直內是本。[36]

閑邪則固一有主字。一矣，然一作能。主一則不消言閑邪。有以一爲難見，不可下工夫。如何一作行。一者，無他，只是整齊一作莊整。嚴肅，則心便一，一則自是無非僻之奸。此意但涵養久之，則天理自然明。[37]

閑邪存誠，閑邪則誠自存。如人有室，垣牆不修，不能防寇，寇從東來，逐之則復有自西入；逐得一人，一人復至。不如修其垣牆，則寇自不至，故欲閑邪也。[38]

敬是閑邪之道。閑邪存其誠，雖是兩事，然亦只是一事。閑邪則誠自存矣。天下有一箇善，一箇惡。去善即是惡，去惡即是善。譬如門，不出便入，豈出入外更別有一事也？[39]

能盡飲食言語之道，則可以盡去就之道；能盡去就之道，則可以盡死生之道。飲食言語，去就死生，小大之勢一也。故君子之學，自微而顯，自小而章。《易》曰：「閑邪存其誠。」閑邪則誠自存，而閑其邪者，乃在於言語飲食進退與人交接之際而已矣。[40]

---

[36]《二程集（上）‧河南程氏遺書卷第十五‧伊川先生語一‧入關語錄》，頁 149。

[37]《二程集（上）‧河南程氏遺書卷第十五‧伊川先生語一‧入關語錄》，頁 150。

[38]《二程集（上）‧河南程氏遺書卷第十五‧伊川先生語一‧入關語錄》，頁 169。

[39]《二程集（上）‧河南程氏遺書卷第十八‧伊川先生語四‧劉元承手編》，頁 185。

[40]《二程集（上）‧河南程氏遺書卷第二十五‧伊川先生語十一‧暢潛道錄》，頁 317–318。

子曰：守道當確然而不變。得正則遠邪，就非則違是，無兩從之理。[41]

(4)九三

忠信爲基本，所以進德也；辭修誠意立，所以居業也；此乃乾道，由此二句可至聖人也。淳。[42]

「忠信所以進德」，「終日乾乾」，君子當終日對越在天也。蓋上天之載，無聲無臭，其體則謂之易，其理則謂之道，其用則謂之神，其命於人則謂之性，率性則謂之道，修道則謂之教。孟子去其中又發揮出浩然之氣，可謂盡矣。一作性。故說神「如在其上，如在其左右」，大小大事而只曰「誠之不可揜如此夫」。徹上徹下，不過如此。形而上爲道，形而下爲器，須著如此說。器亦道，道亦器，但得道在，不繫今與後，己與人。[43]

蘇昞問：「脩辭何以立誠？」子曰：「苟以脩飾言語爲心，是僞而已。」[44]

子曰：至誠感通之道，惟知道者識之。[45]

子謂學者曰：夫道恢然而廣大，淵然而深奧，於何所用其力乎？

[41]《二程集（下）·河南程氏粹言卷第一·論道篇》，頁 1174。

[42]《二程集（上）·河南程氏外書卷第一·朱公掞錄拾遺》，頁 351。

[43]《二程集（上）·河南程氏遺書卷第一·二先生語一·端伯傳師說》，頁 4。

[44]《二程集（下）·河南程氏粹言卷第一·論學篇》，頁 1184。

[45]《二程集（下）·河南程氏粹言卷第一·論道篇》，頁 1171。

惟立誠然後有可居之地。無忠信，則無物。[46]

子曰：誠則無不敬，未至於誠，則敬然後誠。[47]

子曰：誠無不動者：修身則身正，治事則事理，臨人則人化，無往而不得，志之正也。[48]

學者必知所以入德。不知所以入德，未見其能進也。故孟子曰：「不明乎善，不誠其身。」《易》曰：「知至至之。」[49]

或問：「王介甫有言：『〈乾〉之九三，知九五之位可至而至之。』如何？」子曰：「使人臣每懷此心，大亂之道也。且不識湯、武之事矣。」「然則謂何？」子曰：「知大人之道爲可至，則學而至之，所謂『始條理者智之事』也。」[50]

忠信進德，修辭立其誠，所以居業，修立在人。[51]

「忠信所以進德，修辭立其誠所以居業」者，乾道也。「敬以直內，義以方外」者，坤道也。[52]

「修辭立其誠」，文質之義。[53]

---

[46]《二程集（下）・河南程氏粹言卷第一・論道篇》，頁 1174。
[47]《二程集（下）・河南程氏粹言卷第一・論道篇》，頁 1170。
[48]《二程集（下）・河南程氏粹言卷第一・論道篇》，頁 1170。
[49]《二程集（上）・河南程氏外書卷第七・胡氏本拾遺》，頁 397。
[50]《二程集（下）・河南程氏粹言卷第一・論書篇》，頁 1203–1204。
[51]《二程集（上）・河南程氏遺書卷第六・二先生語六》，頁 82。
[52]《二程集（上）・河南程氏遺書卷第十一・明道先生語一・師訓》，頁 133。
[53]《二程集（上）・河南程氏遺書卷第十一・明道先生語一・師訓》，頁 133。

問：「忠信進德之事，固可勉強，然致知甚難。」曰：「子以誠敬爲可勉強，且恁地說。到底，須是知了方行得。若不知，只是覷卻堯學他行事。無堯許多聰明睿知，怎生得如他動容周旋中禮？有諸中，必形諸外。德容安可妄學？如子所言，是篤信而固守之，非固有之也。」[54]

知至則便意誠，若有知而不誠者，皆知未至爾。知至而至之者，知至而往至之，乃吉之先見，故曰「可與幾」也。知終而終之，則「可與存義」也。「知至至之」主知，「知終終之」主終。[55]

知至則當至之，知終則當遂一無遂字。終之，須以知爲本。知之深，則行之必至，無有知之而不能行者。知而不能行，只是知得淺。飢而不食烏喙，人不蹈水火，只是知。人爲不善，只爲不知。知至而至之，知幾之事，故可與幾。知終而終之，故可與存義。知至是致知，博學、明辨、審問、愼思，皆致知、知至之事，篤行便是終之。如始條理，終條理，因其始條理，故能終條理，猶知至即能終之。[56]

「金聲而玉振之」，此孟子爲學者言終始之義也。樂之作，始以金奏，而以玉聲終之。《詩》曰：「依我磬聲」是也。始於致知，智之事也。行所知而至其極，聖之事也。《易》曰「知至至

[54]《二程集（上）‧河南程氏遺書卷第十八‧伊川先生語四‧劉元承手編》，頁187。

[55]《二程集（上）‧河南程氏遺書卷第十一‧明道先生語一‧師訓》，頁133。

[56]《二程集（上）‧河南程氏遺書卷第十五‧伊川先生語一‧入關語錄或云：明道先生語》，頁164。

之，知終終之」，是也。[57]

大抵先生之學，以誠爲本。[58]

子曰：公者仁之理，恕者仁之施，愛者仁之用。子厚曰：「誠一物也。」[59]

子曰：苟非至誠，雖建功立業，亦出於事爲浮氣，其能久乎？[60]

子曰：至誠事親則成人子，至誠事君則成人臣，無不誠者，故曰誠者自成也。[61]

蘇季明嘗以治經爲傳道居業之實，居常講習，只是空言無益，質之兩先生。伯淳先生曰：「『修辭立其誠』，不可不子細理會。言能修省言辭，便是要立誠。若只是修飾言辭爲心，只是爲僞也。若修其言辭，正爲立己之誠意，乃是體當自家敬以直內、義以方外之實事。道之浩浩，何處下手？惟立誠才。一作方。有可居之處，有可居之處則可以修業也。『終日乾乾』，大小大事，卻只是『忠信所以進德』爲實下手處，『修辭立其誠』爲實修業處。」正叔先生曰：「治經，實學也。『譬諸草木，區以別矣。』道之在經，大小遠近，高下精粗，森列於其中。譬諸日月在上，有人不見者，一人指之，不如眾人指之自見也。如《中

---

[57]《二程集（上）‧河南程氏遺書卷第十八‧伊川先生語四‧劉元承手編》，頁 211。

[58]《二程集（上）‧河南程氏遺書‧附錄‧門人朋友敘述並序》，頁 331。

[59]《二程集（下）‧河南程氏粹言卷第一‧論道篇》，頁 1172。

[60]《二程集（下）‧河南程氏粹言卷第一‧論道篇》，頁 1172。

[61]《二程集（下）‧河南程氏粹言卷第一‧論道篇》，頁 1173。

庸》一卷書，自至理便推之於事。如國家有九經，及歷代聖人之
迹，莫非實學也。如登九層之臺，自下而上者爲是。人患居常講
習空言無實者，蓋不自得也。爲學，治經最好。苟不自得，則盡
治《五經》，亦是空言。今有人心得識達，所得多矣。有雖好讀
書，卻患在空虛者，未免此弊。」[62]

子曰：始於致知，智之事也；行所知而極其至，聖之事也。[63]

子曰：致知則智明，智明然後能擇。[64]

(5)九五

動植之分，有得天氣多者，有得地氣多者，「本乎天者親上，本
乎地者親下」。然要之，雖木植亦兼有五行之性在其中，只是偏
得土之氣，故重濁也。[65]

若不一本，則安得「先天而天不違，後天而奉天時？」[66]

「天且不違，況於鬼神乎？」鬼神言其功用，天言其主宰。[67]

或問：「孝，天之經，何也？」曰：「本乎天者親上，輕清者是
也。本乎地者親下，重濁者是也。天地之常，莫不反本。人之

---

[62]《二程集（上）‧河南程氏遺書卷第一‧二先生語一‧端伯傳師
　　說》，頁2。

[63]《二程集（下）‧河南程氏粹言卷第一‧論學篇》，頁1188。

[64]《二程集（下）‧河南程氏粹言卷第一‧論學篇》，頁1191。

[65]《二程集（上）‧河南程氏遺書卷第二上‧二先生語二上‧元豐己
　　未呂與叔東見二先生語》，頁39。

[66]《二程集（上）‧河南程氏遺書卷第二上‧二先生語二上‧元豐己
　　未呂與叔東見二先生語》，頁43。

[67]《二程集（上）‧河南程氏外書卷第八‧游氏本拾遺》，頁398。

孝，亦反本之謂也。」[68]

「大人者，與天地合其德，與日月合其明」，非在外也。[69]

「雲從龍，風從虎」，龍陰物也，出來則溼氣烝然自出，如溼物在日中，氣亦自出。雖木石之微，感陰氣尙亦有氣，則龍之興雲不足怪。虎行處則風自生。龍只是獸，茅山華陽洞曾跳出，其狀殊可愛，亦有時乾處能行，其行步如虎。[70]

「不先天而開人，各因時而立政。」胡本天作時。欽夫云：「作天字大害事。」愚謂此言先天，與〈文言〉之先天不同。〈文言〉之云先天後天，乃是左右參贊之意，如《左傳》云實先後之意，思卻在中間，正合天運，不差毫髮，所謂啐啄同時也。此序所云先天，卻是天時未至，而妄以私意先之，若耕穫菑畬之類耳。兩先天，文同而意不同。先天先時卻初不異，但上言天，下言人，上言時，下言政，於文爲協耳。[71]

子曰：天地之道，至順而已矣。大人先天不違，亦順理而已矣。[72]

---

[68]《二程集（上）・河南程氏外書卷第十一・時氏本拾遺》，頁413。

[69]《二程集（上）・河南程氏遺書卷第十一・明道先生語一・師訓》，頁120。

[70]《二程集（上）・河南程氏遺書卷第十五・伊川先生語一・入關語錄》，頁172。

[71]《二程集（上）・河南程氏文集・附錄・晦菴辯論胡本錯誤書》，頁680。

[72]《二程集（下）・河南程氏粹言卷第二・天地篇》，頁1225。

(二)坤卦

1. 卦辭

「先迷後得」是一句，「主利」是一句，蓋〈坤〉道惟是主利，〈文言〉「後得主而有常」處，脫卻一利字。[73]

「利」字不聯「牝馬」爲義。如云「利牝馬之貞」，則〈坤〉便只有三德。[74]

2. 坤象

陰必從陽，然後「乃終有慶」也。[75]

3. 坤象

或問：「坤者臣道也，在君亦有用乎？」子曰：「厚德載物，豈非人君之用？」[76]

4. 六三

章，外見之物。「含章可貞」，「來章有慶」，須要反己。[77]

5. 六五

「黃」，中色；「裳」，宜在下；則「元吉」。[78]

---

[73] 《二程集（上）‧河南程氏遺書卷第十九‧伊川先生語五》，頁251。

[74] 《二程集（上）‧河南程氏外書卷第六‧羅氏本拾遺》，頁377。

[75] 《二程集（上）‧河南程氏外書卷第六‧羅氏本拾遺》，頁377。

[76] 《二程集（下）‧河南程氏粹言卷第一‧論書篇》，頁1200。

[77] 《二程集（上）‧河南程氏遺書卷第五‧二先生語五》，頁78。

[78] 《二程集（上）‧河南程氏外書卷第六‧羅氏本拾遺》，頁377。

6. 文言

(1)六二

「克」者，勝也。難勝莫如「己」，勝己之私則能有諸己，是反身而誠者也。凡言仁者，能有諸己也。一作凡言克者，未能有諸己也。必誠之在己，然後爲「克己」。「禮」亦理也，有諸己則無不中於理。君子慎獨，「敬以直內，義以方外」，所以爲「克己復禮」也。克己復禮則事事皆仁，故曰「天下歸仁。」人之視最先，「非禮」而視，則所謂開目便錯了。次「聽」，次「言」，次「動」，有先後之序。人能克己，一作充仁。則心廣體胖，仰不愧，俯不怍，其樂可知，有息則餒矣。[79]

敬以直內是涵養意。言不莊不敬，則鄙詐之心生矣；貌不莊不敬，則怠慢之心生矣。[80]

「敬以直內，義以方外，敬義立而德不孤。」德不孤，與物同故不孤也。[81]

「敬以直內，義以方外」合內外之道也。釋氏，內外之道不備者也。[82]

天地日月一般。月受日光而日不爲之虧，然月之光乃日之光也。

---

[79] 《二程集（上）・河南程氏外書卷第三・陳氏本拾遺》，頁 367。
[80] 《二程集（上）・河南程氏遺書卷第一・二先生語一・端伯傳師說》，頁 7。
[81] 《二程集（上）・河南程氏遺書卷第十一・明道先生語一・師訓》，頁 117。
[82] 《二程集（上）・河南程氏遺書卷第十一・明道先生語一・師訓》，頁 118。

地氣不上騰，則天氣不下降。天氣降而至於地，地中生物者，皆天氣也。惟無成而代有終者，地之道也。[83]

主一無適，敬以直內，便有浩然之氣。浩然須要實識得他剛大直，不習無不利。[84]

「至大」，「至剛」，「以直」，此三者不可闕一，闕一便不是浩然之氣。如〈坤〉所謂「直方大」是也。但〈坤〉卦不可言剛，言剛則害〈坤〉體。然孔子於〈文言〉又曰：「〈坤〉至柔而動也剛。」方即剛也。[85]

明道曰：「維天之命，於穆不已，不其忠乎！天地變化草木蕃，不其恕乎！」[86]

心敬則內自直。[87]

子曰：敬以直內，義以方外，仁也。不可曰以敬直內，以義方外。謂之敬義者，猶曰行仁義云耳，何直之有？所謂直也者，必有事而勿正心是也。敬以直內，義以方外，與物同矣，故曰敬義立而德不孤，推而放諸四海而準。[88]

---

[83] 《二程集（上）·河南程氏遺書卷第十一·明道先生語一·師訓》，頁129。

[84] 《二程集（上）·河南程氏遺書卷第十五·伊川先生語一·入關語錄》，頁143。

[85] 《二程集（上）·河南程氏遺書卷第十九·伊川先生語五·楊遵道錄》，頁252。

[86] 《二程集（上）·河南程氏外書卷第七·胡氏本拾遺》，頁392。

[87] 《二程集（上）·河南程氏外書卷第七·胡氏本拾遺》，頁392。

[88] 《二程集（下）·河南程氏粹言卷第一·論道篇》，頁1173–1174。

子曰：義有至精，理有至奧，能自得之，可謂善學矣。[89]

彥明嘗言：先生教人，只是專令用敬以直內，若用此理，則百事不敢輕為，不敢妄作，不愧屋漏矣。習之既久，自然有所得也。因說往年先生歸自涪陵，日日見之。一日，因讀《易》至「敬以直內」處，因問先生，「不習無不利」時，則更無睹，當更無計較也耶？先生深以為然。且曰：「不易見得如此，且更涵養，不要輕說。」[90]

又問：「敬以直內，其能不用意乎？」子曰：「其始，安得不用意也？久而成焉，意亡矣。」又問：「必有事焉者，其惟敬而已乎？」子曰：「敬以涵養也，集義然後為有事也。知敬而不知集義，不幾於兀然無所為者乎？」[91]

子曰：進學莫先乎致知，養心莫大乎理義。[92]

或問：「必有事焉者，其敬而已乎？」子曰：「靜所以涵養也。集義，所謂必有事也。不知集義，是為無事也。」曰：「義者，中理之謂乎？」子曰：「中理見乎事，敬在心。義以方外，然後中理矣。」曰：「義與敬，何以異？」子曰：「敬，所以持守也。有是有非，順理而行者，義也。」曰：「敬猶靜歟？」子曰：「言靜則老氏之學也。」[93]

---

[89]《二程集（下）‧河南程氏粹言卷第一‧論學篇》，頁1189。
[90]《二程集（上）‧河南程氏外書卷第十二‧傳聞雜記》，頁444。
　　本段出自呂本中《呂氏雜志》。
[91]《二程集（下）‧河南程氏粹言卷第一‧論道篇》，頁1179。
[92]《二程集（下）‧河南程氏粹言卷第一‧論道篇》，頁1188。
[93]《二程集（下）‧河南程氏粹言卷第一‧論學篇》，頁1188–1189。

子曰：〈乾〉九三，言聖人之學也；〈坤〉六二，言賢人之學也。此其大致也。若夫敬以直內，義以方外，則雖聖人不越乎此，無異道故也。[94]

學者不必遠求，近取諸身，只明人理，敬而已矣，便是約處。《易》之〈乾〉卦言聖人之學，〈坤〉卦言賢人之學，惟言「敬以直內，義以方外，敬義立而德不孤」。至於聖人，亦止如是，更無別途。穿鑿繫累，自非道理。故有道有理，天人一也，更不分別。浩然之氣，乃吾氣也，養而不害，則塞乎天地；一為私心所蔽，則欿然而餒，卻甚小也。「思無邪」，「無不敬」，只此二句，循而行之，安得有差？有差者，皆由不敬不正也。明。[95]

敬義夾持，直上達天德自此。[96]

孟子曰：「仁也者人也，合而言之道也。」《中庸》所謂：「率性之謂道」是也。仁者，人此者也。「敬以直內，義以方外」，仁也。若以敬直內，則便不直矣。行仁義豈有直乎？「必有事焉而勿正」則直也。夫能「敬以直內，義以方外」，則與物同矣。故曰：「敬義立而德不孤。」是以仁者無對，放之東海而準，放之西海而準，放之南海而準，放之北海而準。醫家言四體不仁，最能體仁之名也。一本醫字下，別為一章。[97]

---

[94]《二程集（下）‧河南程氏粹言卷第一‧論書篇》，頁 1205。

[95]《二程集（上）‧河南程氏遺書卷第二上‧二先生語二上‧元豐己未呂與叔東見二先生語》，頁 20。

[96]《二程集（上）‧河南程氏遺書卷第五‧二先生語五》，頁 78。

[97]《二程集（上）‧河南程氏遺書卷第十一‧明道先生語一‧師訓》，頁 120。

「敬以直內」，有主於內則虛，自然無非僻之心。如是，則安得不虛？「必有事焉」，須把敬來做件事著。此道最是簡，最是易，又省工夫。爲此語，雖近似常人所論，然持之一本有久字。必別。[98]

有言：「未感時，知心何所寓？」曰：「『操則存，舍則亡，出入無時，莫知其鄉』，更怎生尋所寓？只是有操而已。操之之道，敬以直內也。」[99]

切要之道，無如「敬以直內」。[100]

所謂敬者，主一之謂敬。所謂一者，無適之謂一。且欲涵泳主一之義，一則無二三矣。一作不一則二三矣。言敬，無如聖人之言。一無「聖人之言」四字。《易》所謂「敬以直內，義以方外」，須是直內，乃是主一之義。至於不敢欺、不敢慢、尚不愧於屋漏，皆是敬之事也。但存此涵養，久之自然天理明。[101]

「集義所生，非義襲而取之也。」「集義」是積義，「所生」如集大成。若累土爲山，須是積土乃成山，非是山已成形，乃名爲義。一作山，一作土。浩然之氣難識，須要認得。當行不慊於心之時，自然有此氣象。然亦未盡，須是見「至大」、「至剛」、

---

[98]《二程集（上）·河南程氏遺書卷第十五·伊川先生語一·入關語錄》，頁149。

[99]《二程集（上）·河南程氏遺書卷第十五·伊川先生語一·入關語錄》，頁151。

[100]《二程集（上）·河南程氏遺書卷第十五·伊川先生語一·入關語錄》，頁152。

[101]《二程集（上）·河南程氏遺書卷第十五·伊川先生語一·入關語錄》，頁169。

「以直」之三德，方始見浩然之氣。若要見時，且看取地道。〈坤〉六二，「直方大，不習無不利。」方便是剛，大便是大，直便是直。於坤不言剛而言方者，言剛則害於地道，故下一作不。復云：「至柔而動也剛。」以其先言柔而後云剛，無害。大，只是對小而言是大也。剛，只是對柔而言是剛也。直，只是對曲而言是直也。如此，自然不習無不利。〈坤〉之六二，只為已是地道，又是二，又是六，地道之精純者。至如六五便不同。欲得學，且只看取地道。〈坤〉雖是學者之事，然亦有聖人之道。〈乾〉九二是聖人之事，〈坤〉六二是學者之事。聖賢之道，其發無二，但至一作只。有深淺大小。[102]

問：「人有專務敬以直內，不務方外，何如？」曰：「有諸中者，必形諸外。惟恐不直內，內直則外必方。」[103]

涵養須用敬，進學則在致知。[104]

問：「人敬以直內，氣便能充塞天地否？」曰：「氣須是養，集義所生。積集既久，方能生浩然氣象。人但看所養如何，養得一分，便有一分；養得二分，便有二分。只將敬，安能便到充塞天地處？且氣自是氣，體所充，自是一件事，敬自是敬，怎生便合得？如曰『其為氣，配義與道』，若說氣與義時自別，怎生便能

---

[102]《二程集（上）‧河南程氏遺書卷第十五‧伊川先生語一‧入關語錄》，頁 170。

[103]《二程集（上）‧河南程氏遺書卷第十八‧伊川先生語四‧劉元承手編》，頁 185。

[104]《二程集（上）‧河南程氏遺書卷第十八‧伊川先生語四‧劉元承手編》，頁 188。

使氣與義合？」[105]

「君子敬以直內，義以方外」爲學本。[106]

〈坤〉六二〈文言〉云云，坤道也。誠爲統體，敬爲用。敬則內自直。誠合內外之道，則萬物流形，故義以方外。[107]

「敬以直內，義以方外」，與「德不孤」，一也。爲善者以類應，有朋自遠方來，充之至於塞乎天地，皆不孤也。[108]

彼釋氏之學，於「敬以直內」則有之矣，「義以方外」則未之有也，故滯固者入於枯槁，疏通者歸於肆恣，一作放肆。此佛之敎所以爲隘也。吾道則不然，率性而已。斯理也，聖人於《易》備言之。[109]

敬勝百邪。[110]

「敬以直內」，則「義以方外」。「義以爲質」，則「禮以行之，孫以出之，信以成之」。孫，順也，不止於言。[111]

---

[105]《二程集（上）・河南程氏遺書卷第十八・伊川先生語四・劉元承手編》，頁 207。

[106]《二程集（上）・河南程氏外書卷第一・朱公掞錄拾遺》，頁 351。

[107]《二程集（上）・河南程氏外書卷第二・朱公掞問學拾遺》，頁 364。

[108]《二程集（上）・河南程氏外書卷第八・游氏本拾遺》，頁 399。

[109]《二程集（上）・河南程氏遺書卷第四・二先生語四・游定夫所錄》，頁 74。

[110]《二程集（上）・河南程氏遺書卷第十一・明道先生語一・師訓》，頁 119。

[111]《二程集（上）・河南程氏遺書卷第十一・明道先生語一・師訓劉絢質夫錄》，頁 127。

伯溫又問：「心術最難，如何執持？」曰：「敬。」[112]

內直則其氣浩然，養之至則爲大人。[113]

子曰：純於敬，則已與理一，無可克者，無可復者。[114]

或問：「喜怒哀樂未發之時，耳無所聞，目無所見乎？」曰：「雖無聞見，而聞見之理自存。汝於靜也何如？」對曰：「謂之有物則不可，然昭昭乎有所知覺也。」子曰：「有是覺，則是動矣。」曰：「夫子於喜怒哀樂之未發也，謂靜而已乎？」子曰：「汝必從事於敬以直內，則知而得之矣。」曰：「何以未發言中？」子曰：「敬而無失，所以中也。凡事事物物皆有自然之中，若俟人爲布置，則不中矣。」[115]

子曰：識道以智爲先，入道以敬爲本。夫人測其心者，茫茫然也，將治心而不知其方者，寇賊然也。天下無一物非吾度內者，故敬爲學之大要。[116]

或問：「夫子之敎，必使學者涵養而後有所得。如何其涵養也？子曰：「莫如敬。」[117]

---

[112]《二程集（上）‧河南程氏遺書卷第二十二上‧伊川先生語八上‧伊川雜錄》，頁 279。

[113]《二程集（上）‧河南程氏外書卷第十一‧時氏本拾遺》，頁 418。

[114]《二程集（下）‧河南程氏粹言卷第一‧論道篇》，頁 1171。

[115]《二程集（下）‧河南程氏粹言卷第一‧論道篇》，頁 1177。

[116]《二程集（下）‧河南程氏粹言卷第一‧論學篇》，頁 1183–1184。

[117]《二程集（下）‧河南程氏粹言卷第一‧論學篇》，頁 1191。

子曰：「敬則虛靜，而虛靜非敬也。」[118]

子曰：「一不敬，則私欲萬端生焉。害仁，此爲大。」[119]

(2)六四

或問：「何謂忠？何謂恕？」子曰：「『維天之命，於穆不已。』忠也。『天地變化草木蕃』恕也。」[120]

或問明道先生，如何斯可謂之恕？先生曰：「充擴得去則爲恕。」「心如何是充擴得去底氣象？」曰：「天地變化草木蕃。」「充擴不去時如何？」曰：「天地閉，賢人隱。」[121]

(3)六五

「君子不成章不達」，《易》曰：「美在其中，暢於四支。」成章之謂也。[122]

(三)屯卦

1. 通論

子曰：萬物始生也，鬱結未通，則實塞於天地之閒，至於暢茂，則塞意亡矣。[123]

---

[118] 《二程集（下）‧河南程氏粹言卷第一‧論道篇》，頁 1179。

[119] 《二程集（下）‧河南程氏粹言卷第一‧論道篇》，頁 1179。

[120] 《二程集（下）‧河南程氏粹言卷第一‧論道篇》，頁 1175。

[121] 《二程集（上）‧河南程氏外書卷第十二‧傳聞雜記》，頁 424，見《上蔡語錄》。

[122] 《二程集（上）‧河南程氏遺書卷第十八‧伊川先生語四‧劉元承手編》，頁 246。

[123] 《二程集（下）‧河南程氏粹言卷第二‧人物篇》，頁 1266。

2. 卦辭

子曰：處屯難之時，而有致亨之道，其惟正固乎！凡處難，能守正而不變者，鮮矣。[124]

3. 九五

或謂：「〈屯〉之九五曰『屯其膏』，然則人君亦有屯乎？」子曰：「非謂其名位有損也，號令有所不行，德澤有所不下，威權去己而不識所收，如魯昭公、高貴鄉公是也。或不勝其忿，起而驟正之，則致凶之道。其惟盤庚、周宣乎！修德用賢，追先王之政，而諸侯復朝焉，蓋以道馴致，不以暴爲之也。若唐之僖宗、昭宗是也；恬然不爲，至於屯極，則有亡而已。」[125]

(四)蒙卦

1. 蒙象

子曰：士方在下，自進而干君，未有信而用之者也。古之君子，必待上致敬盡禮而後往者，非欲崇己以爲大也，蓋尊德樂道之誠心，不如是不足與有爲耳。[126]

2. 六三

「不有躬，無攸利。」不立己，後雖向好事，猶爲化物，不得以天下萬物撓己，己立後，自能了當得天下萬物。[127]

---

[124]《二程集（下）・河南程氏粹言卷第一・論學篇》，頁1189。
[125]《二程集（下）・河南程氏粹言卷第二・君臣篇》，頁1246。
[126]《二程集（下）・河南程氏粹言卷第二・君臣篇》，頁1246。
[127]《二程集（上）・河南程氏遺書卷第六・二先生語六》，頁82。

3. 上九

或問：「〈蒙〉之上九，不利爲寇。夫寇亦可爲，而聖人教之以利乎？」子曰：「非是之謂也。昏蒙之極；有如三苗者，征而誅之，若秦皇、漢武窮兵暴虐，則自爲寇也。」[128]

(五)需卦（未見）

(六)訟卦（未見）

(七)師卦

1. 初六

「師出以律，否臧凶。」律有二義：有出師不以義者，有行師而無號令節制者，皆失律也。師出當以律，不然，雖臧亦凶。今人用師，惟務勝而已。[129]

2. 六五

「弟子輿尸，貞凶。」帥師以長子，今以弟子衆主之，亦是失律，故雖貞亦凶也。[130]

---

[128]《二程集（下）‧河南程氏粹言卷第一‧論書篇》，頁 1206。

[129]《二程集（上）‧河南程氏遺書卷第十九‧伊川先生語五‧楊遵道錄》，頁 248。

[130]《二程集（上）‧河南程氏遺書卷第十九‧伊川先生語五》，頁 248。

（八）比卦

1. 六二

子曰：擇才而用，雖在君；以身許國，則在己。道合而後進，得正則吉矣。汲汲以求遇者，終必自失，非君子自重之道也。故伊尹、武侯救世之心非不切，必待禮而後出者以此。[131]

2. 九五

子曰：人君欲附天下，當顯明其道，誠意以待物，恕己以及人，發政施仁，使四海蒙其惠澤可也。若乃暴其小惠，違道干譽，欲致天下之親己，則其道狹矣。非特人君為然也，臣之於君，竭其忠誠，致其才力，用否在君而己，不可阿諛逢迎，以求君之厚己也。雖朋友亦然，修身誠意以待之，疏戚在人而已，不可巧言令色，曲從苟合，以求人之與己也。雖鄉黨親戚亦然。[132]

3. 上六

〈比〉之上六曰：「比之无首凶。」〈象〉曰：「比之无首，无所終也。」比之有首，尚懼无終。既无首，安得有終？故曰「无所終也」。〈比〉之道，須當有首。[133]

「比之無首凶」，比之始不善則凶。[134]

---

[131]《二程集（下）‧河南程氏粹言卷第二‧君臣篇》，頁1246。

[132]《二程集（下）‧河南程氏粹言卷第二‧君臣篇》，頁1242-1243。

[133]《二程集（上）‧河南程氏遺書卷第十八‧伊川先生語四》，頁184。

[134]《二程集（上）‧河南程氏遺書卷第十一‧明道先生語一‧師訓》，頁131。

(九)小畜卦

1. 通論

問〈小畜〉。曰：「〈小畜〉是所畜小，及所畜雖大而少，皆小畜也。不必專言君畜臣，臣畜君。」[135]

或以〈小畜〉爲臣畜君，以〈大畜〉爲君畜臣。先生云：「不必如此。〈大畜〉只是所畜者大，〈小畜〉只是所畜者小，不必指定一件事。便是君畜臣，臣畜君，皆是這箇道理，隨大小用。」[136]

2. 卦辭

「密雲不雨」，尙往則氣散。先陰變風，氣隨風散。[137]

暢中伯問：「密雲不雨，自我西郊。」曰：「西郊陰所，凡雨須陽倡乃成，陰倡則不成矣。今雲過西則雨，過東則否，是其義也。所謂『尙往』者，陰自西而往，不待陽矣。」[138]

長安西風而雨，終未曉此理。須是自東自北而風則雨，自南自西則不雨。何者？自東自北皆屬陽，〈坎〉卦本陽。陽唱而陰和，故雨；自西自南陰也，陰唱而陽不和。〈蝃蝀〉之詩曰：「朝隮

---

[135]《二程集（上）‧河南程氏遺書卷第二十二上‧伊川先生語八上‧伊川雜錄》，頁295。
[136]《二程集（上）‧河南程氏遺書卷第十九‧伊川先生語五》，頁250。
[137]《二程集（上）‧河南程氏遺書卷第六‧二先生語六》，頁85。
[138]《二程集（上）‧河南程氏遺書卷第二十二上‧伊川先生語八上‧伊川雜錄》，頁296。

于西，崇朝其雨。」是陽來唱也，故雨；「蝃蝀在東」，則是陰先唱也；「莫之敢指」者，非謂手指莫敢指陳也，猶言不可道也。《易》言「密雲不雨，自我西郊」，言自西則是陰先唱也，故雲雖密而不雨。今西風而雨，恐是山勢使然。[139]

蝃蝀，陰陽氣之交，映日而見，故朝西而暮東。在東者，陰方之氣就交於陽也，猶《易》之「自我西郊」。夫陽唱陰和，男行女隨，乃理之正。今陰來交陽，人所醜惡，故莫敢指之。[140]

(十)履卦

1. 履象

子讀《易》至〈履〉，歎曰：上下之分明而後民志定，民志定而後可以言治也。古之時，公卿大夫而下，位各稱其德，終身居之，得其分也；有德而位不稱焉，則在上者舉而進之。士知脩其身，學成而君求之，皆非有預於己也。四民各勤其事，而所享有限，故皆有定志，而天下之心可一。後世自庶士至於公卿，日志乎尊榮，農工商賈日志乎富侈，億兆之心交鶩於利，而天下紛然，欲其不亂，難矣。[141]

2. 初九

「素履」者，雅素之履也。初九剛陽，素履已定，但行其志爾，

---

[139]《二程集（上）・河南程氏遺書卷第二上・二先生語二上・元豐己未呂與叔東見二先生語》，頁36－37。

[140]《二程集（下）・河南程氏經說卷第三・伊川先生・詩解・國風・蝃蝀》頁1053。

[141]《二程集（下）・河南程氏粹言卷第一・論書篇》，頁1209。

故曰「獨行願」也。[142]

3. 上九

「視履考祥」，居履之終，反觀吉凶之祥，周至則善吉也，故曰「其旋元吉。」[143]

(十一)泰卦

1. 泰象

李嘉仲問：「『裁成天地之道，輔相天地之宜』，如何？」曰：「天地之道，不能自成，須聖人裁成輔相之。如歲有四時，聖人春則教民播種，秋則教民收獲，是裁成也；教民鋤耘灌溉，是輔相也。」又問：「『以左右民』如何？」「古之盛時，未嘗不教民，故立之君師，設官以治之。周公師保萬民，與此[144]卦言『左右民』，皆是也。後世未嘗教民，任其自生自育，只治其鬪而已。」李處遜字嘉仲。[145]

「先之勞之」者，昔周公師保萬民，《易》曰：「以左右民。」師保左右，先之也。勞，勉也，又勞勉之。伊川。[146]

---

[142]《二程集（上）・河南程氏遺書卷第十一・明道先生語一・師訓》，頁131。

[143]《二程集（上）・河南程氏遺書卷第十一・明道先生語一・師訓》，頁131。

[144] 王孝魚校記云：「呂本、徐本『此』作『泰』，語較明。」，頁280。

[145]《二程集（上）・河南程氏遺書卷第二十二上・伊川先生語八上・伊川雜錄》，頁280。

[146]《二程集（上）・河南程氏外書卷第六・羅氏本拾遺》，頁386。

(十二)否卦

1. 卦辭

嘉仲問：「〈否〉之匪人。」曰：「〈泰〉之時，天地交泰而萬物生，凡生於天地之閒者，皆人道也。至〈否〉之時，天地不交，萬物不生，無人道矣，故曰『〈否〉之匪人。』」[147]

2. 九五

子曰：「其亡其亡，繫于苞桑。」漢王允、唐李德裕功未及成而禍敗從之者，不知苞桑之戒也。[148]

(十三)同人卦

1. 通論

子曰：聖賢之處世，莫不於大同之中有不同焉。不能大同者，是亂常拂理而已；不能不同者，是隨俗習污而已。[149]

子曰：至公無私，大同無我，雖眇然一身，在天地之閒，而與天地無以異也，夫何疑焉？佛者厭苦根塵，是則自利而已。[150]

(十四)大有卦（未見）

---

[147]《二程集（上）‧河南程氏遺書卷第二十二上‧伊川先生語八上‧伊川雜錄》，頁 282。

[148]《二程集（下）‧河南程氏粹言卷第二‧聖賢篇》，頁 1231。

[149]《二程集（下）‧河南程氏粹言卷第二‧人物篇》，頁 1264。

[150]《二程集（下）‧河南程氏粹言卷第一‧論道篇》，頁 1172。

(十五)謙卦

1. 通論

他卦皆有悔凶咎，惟〈謙〉未嘗有；他卦有待而亨，惟〈謙〉則便亨。[151]

2. 謙彖

《易》言天亦不同。如「天道虧盈而益謙」，此通上下理亦如此，天道之運亦如此。如言「天且弗違，況於人乎？況於鬼神乎？」此直謂形而上者言，以鬼神爲天地矣。[152]

子曰：謙者，治益之道。[153]

子曰：天地日月，其理一致。月受日光而不爲之虧，月之光乃日之光也。地氣不上騰，天氣不下降；天氣下降至於地中，生育萬物者，乃天之氣也。[154]

3. 謙象

謙者治盈之道，故曰：「裒多益寡，稱物平施。」[155]

---

[151]《二程集（上）・河南程氏外書卷第六・羅氏本拾遺》，頁 377。
[152]《二程集（上）・河南程氏遺書卷第三・二先生語三・謝顯道記憶平日語・伊川先生語》，頁 64。
[153]《二程集（下）・河南程氏粹言卷第一・論道篇》，頁 1180。
[154]《二程集（下）・河南程氏粹言卷第二・天地篇》，頁 1226。
[155]《二程集（上）・河南程氏遺書卷第十一・明道先生語一・師訓》，頁 131。

〈謙〉，君子所以有終，故不言吉。袞取其多而增益其寡，天理
也。六二鳴謙，處中得正而有德者，故鳴謙者，乃「中心得
也」。上六鳴謙，乃有求者也，有求之小，止於征國邑而已，
故曰「志未得也。」[156]

(十六)豫卦

1. 通論

豫者備豫也，逸豫也。事豫故逸樂，其義一也。[157]

2. 六二

「介于石」，理素定也。理素定，故見幾而作，何俟終日哉？[158]

(十七)隨卦

1. 通論

或問：「人以能立爲能賢，而《易》取於〈隨〉，何也？」子
曰：「〈隨〉者，順理之謂也。人君以之聽善，臣下以之奉命，
學者以之徙義，處事以之從長，豈不立哉？言各有當也。若夫隨
時而動，合宜適變，不可以爲典要，非造道之深，知幾可與權

---

[156]《二程集（上）・河南程氏外書卷第六・羅氏本拾遺》，頁
377-378。

[157]《二程集（上）・河南程氏遺書卷第十一・明道先生語一・師
訓》，頁131。

[158]《二程集（上）・河南程氏遺書卷第十一・明道先生語一・師
訓》，頁131。

者，不能與也。」[159]

2. 隨象

凡《易》卦，有就卦才而得其義者，亦有舉兩體便得其義者。〈隨〉「剛來而下柔，動而說隨」，此是就卦才而得隨之義。「澤中有雷隨」，此是就象上得隨之義也。[160]

「禮，孰爲大？時爲大」，亦須隨時。當隨則隨，當治則治。當其時作其事，便是能隨時。「隨時之義大矣哉！」尋常人言隨時，爲且和同，只是流徇[161]耳，不可謂和，和則已是和於義。故學者患在不能識時，時出之，亦須有溥博淵泉，方能出之。今之人自是與古之人別，其風氣使之，至如壽考形貌皆異。古人皆不減百歲餘，今豈有此人？觀古人形象被冠冕之類，今人豈有此等人？故籩豆簠簋，自是不可施於今人，自時不相稱，時不同也。時上儘窮得理。孟子言：「五百年必有王者興，其間必有名世者，以其時考之則可矣。」他嘿識得此體用[162]，大約是如此，豈可催促得他？堯之於民，匡直輔翼，聖賢於此間，見些功用。舉此數端可以常久者，示人。殷因於夏，周因於殷，損益可知。嘿觀得者，須知三王之禮與物不必同。自畫卦垂衣裳，至周文方備，只爲時也。若不是隨時，則一聖人出，百事皆做了，後來者

---

[159]《二程集（下）・河南程氏粹言卷第一・論書篇》，頁1204。

[160]《二程集（上）・河南程氏遺書卷第十七・伊川先生語三》，頁179。

[161] 王孝魚校記云：「『流徇』疑當作『徇流』。本卷第一四六頁第十二行有『徇流俗非隨時』之語，或疑當作『徇流俗』三字。」，頁171。

[162] 天按：「嘿識」，通「默識」。

沒事。又非聖人智慮所不及，只是時不可也。[163]

3. 隨象

且如〈隨〉卦言「君子嚮晦入宴息」，解者多作遵養時晦之晦。
或問：「作甚晦字？」曰：「此只是隨時之大者，嚮晦則宴息
也，更別有甚義？」[164]

4. 上六

〈隨〉之上六，才與位皆陰，柔隨之極也，故曰：「拘繫之，乃
從維之，又從而維之。王用亨于岐山。」唯太王之事，民心固結
而不可解者也，其佗皆不可如是之固也。[165]

（十八）蠱卦

1. 通論

子曰：治蠱必求其所以然，則知救之之道，又慮其將然，則知備
之之方。夫善救則前弊可革矣，善備則後利可久矣，此古聖人所
以新天下垂後世之道。[166]

2. 卦辭

「先甲三日」，以窮其所以然而處其事；「後甲三日」，以究其

---

[163]《二程集（上）‧河南程氏遺書卷第十五‧伊川先生語一‧入關語
錄或云：明道先生語》，頁 171-172。

[164]《二程集（上）‧河南程氏遺書卷第十八‧伊川先生語四》，頁 205。

[165]《二程集（上）‧河南程氏遺書卷第十一‧明道先生語一‧師訓》
，頁 128。

[166]《二程集（下）‧河南程氏粹言卷第一‧論政篇》，頁 1212。

將然而爲之防。甲者，事之始也。庚者，有所革也。自甲乙至於戊己，春夏生物之氣已備。庚者，秋冬成物之氣也，故有所革。別一般氣。[167]

3. 蠱象

須是就事上學。「〈蠱〉，振民育德。」然有所知後，方能如此。「何必讀書，然後爲學？」[168]

有人治園圃役知力甚勞。先生曰：「〈蠱〉之〈象〉，『君子以振民育德』。君子之事，惟有此二者，餘無他爲。二者，爲己爲人之道也。」為己為人，吳本作治己治人。[169]

（十九）臨卦

1. 卦辭

〈臨〉言「八月有凶」，謂至八月是〈遯〉也。當其剛浸長之時，便戒以陰長之意。[170]

（二十）觀卦

1. 通論

幸執事觀〈觀〉爻之義，詳聖人贊之之意，思賢人君子所當用

---

[167]《二程集（上）·河南程氏遺書卷第十一·明道先生語一·師訓》，頁128。

[168]《二程集（上）·河南程氏遺書卷第三·二先生語三·謝顯道記憶平日語·明道先生語》，頁61。

[169]《二程集（上）·河南程氏遺書卷第十四·明道先生語四·亥九月過汝所聞》，頁140。

[170]《二程集（上）·河南程氏遺書卷第十七·伊川先生語三》，頁179。

心，勉從鄉人之願，不勝幸甚！[171]

2. 觀上九

珦竊觀在《易》〈觀〉之上九曰：「觀其生，君子無咎。」
〈象〉曰：「觀其生，志未平也。」上九以陽剛之德，居無位之
地，是賢人君子抱道德而不居其位，為眾人仰觀法式者也。雖不
當位，然為眾人所觀，固不得安然放意，謂己無與於天下也；必
觀其所生，君子矣乃得無咎。聖人又從而贊之，謂志當在此，固
未得安然平定無所慮也。觀聖人教示後賢如是之深，賢者存心如
是之仁，與夫索隱行怪，獨善其身者異矣。今執事居是鄉，為一
鄉所宗仰，適當〈觀〉上九之義。豈得圖一身之安逸，而不以化
導為意乎？[172]

(二一)噬嗑卦（未見）

(二二)賁卦

1. 賁象

曰：「古者學為文否？」曰：「人見《六經》，便以謂<small>呂本、徐
本「謂」作「為」</small>聖人亦作文，不知聖人亦一作只。攄發胸中所
蘊，自成文耳。<small>一作章。</small>所謂『有德者必有言』也。」曰：
「游、夏稱文學，何也？」曰：「游、夏亦何嘗秉筆學為詞章

---

[171]《二程集（上）‧河南程氏文集卷第九‧伊川先生文五‧書啟‧再
書》，頁596。天按：此為伊川為其父程珦所書〈為家君請宇文中
允典漢州學書〉，其後之〈再書〉。

[172]《二程集（上）‧河南程氏文集卷第九‧伊川先生文五‧書啟‧再
書》，頁595。

也？且如『觀乎天文以察時變，觀乎人文以化成天下』，此豈詞章之文也？」[173]

(二三) 剝卦

1. 剝上九

子曰：息，止也，生也。一事息一事生，生息之際，無一毫之閒，碩果不食，即爲復矣。[174]

息訓爲生者，蓋息則生矣。一事息，則一事生，中無間斷。碩果不食，則便爲復也。「寒往則暑來，暑往則寒來，寒暑相推而歲成焉。」[175]

問：「十月何以謂之陽月？」曰：「十月謂之陽月者，陽盡，恐疑於無陽也，故謂之陽月也。然何時無陽？如日有光之類。蓋陰陽之氣有常存而不移者，有消長而無窮者。」[176]

(二四) 復卦

1. 復象

「復其見天地之心。」一言以蔽之，天地以生物爲心。[177]

---

[173]《二程集（上）‧河南程氏遺書卷第十八‧伊川先生語四》，頁239。
[174]《二程集（下）‧河南程氏粹言卷第一‧論事篇》，頁1220。
[175]《二程集（上）‧河南程氏遺書卷第十一‧明道先生語一‧師訓》，頁133。
[176]《二程集（上）‧河南程氏遺書卷第十八‧伊川先生語四》，頁238。
[177]《二程集（上）‧河南程氏外書卷第三‧陳氏本拾遺》，頁366。

子曰：天地生物之氣象，可見而不可言，善觀於此者，必知道也。[178]

子曰：冬至之前，天地閉塞，可謂靜矣。日月運行，未嘗息也，則謂之不動可乎？故曰動靜不相離。[179]

子曰：天地之心以復而見，聖人未嘗復，故未嘗見其心。[180]

觀天地生物氣象。周茂叔看。[181]

靜後，見萬物自然皆有春意。[182]

子曰：觀物於靜中，皆有春意。[183]

復者反本也，本有而去之，今來復，乃見天地之心也，乃天理也，此賢人之事也。[184]

〈復〉卦非天地之心，「復則見天地之心」。聖人無復，故未嘗見其心。無，一作未嘗。[185]

人說：「復其見天地之心」，皆以謂至靜能見天地之心，非也。〈復〉之卦下面一畫，便是動也，安得謂之靜？自古儒者皆言靜見天地之心，唯某言動而見天地之心。或曰：「莫是於動上求靜

---

[178] 《二程集（下）・河南程氏粹言卷第二・天地篇》，頁 1228。
[179] 《二程集（下）・河南程氏粹言卷第二・天地篇》，頁 1225。
[180] 《二程集（下）・河南程氏粹言卷第二・天地篇》，頁 1225。
[181] 《二程集（上）・河南程氏遺書卷第六・二先生語六》，頁 83。
[182] 《二程集（上）・河南程氏遺書卷第六・二先生語六》，頁 84。
[183] 《二程集（下）・河南程氏粹言卷第二・人物篇》，頁 1264。
[184] 《二程集（上）・河南程氏外書卷第十・大全集拾遺》，頁 404。
[185] 《二程集（上）・河南程氏遺書卷第六・二先生語六》，頁 85。

否？」曰：「固是，然最難。釋氏多言定，聖人便言止。且如物
之好，須道是好；物之惡，須道是惡。物自好惡，關我這裡甚
事？若說道我只是定，更無所爲，然物之好惡，亦自在裏。故聖
人只言止。所謂止，如人君止於仁，人臣止於敬之類是也。
《易》之〈艮〉言止之義曰：『艮其止，止其所也。』言隨其所
止而止之，人多不能止。」[186]

2. 復象

聖人無一事不順天時，故「至日閉關。」[187]

3. 初九

祗與底通，使底至也，無至於悔。伯淳。[188]

4. 上六

質夫云：「頻復不已，遂至迷復。」[189]

(二五)无妄卦

1. 通論

〈无妄〉，震下乾上。聖人之動以天，賢人之動以人。若顏子之

---

[186]《二程集（上）‧河南程氏遺書卷第十八‧伊川先生語四》，頁
201。
[187]《二程集（上）‧河南程氏外書卷第三‧陳氏本拾遺》，頁 366。
[188]《二程集（上）‧河南程氏外書卷第二‧朱公掞問學拾遺》，頁
364。
[189]《二程集（上）‧河南程氏外書卷第四‧程氏學拾遺》，頁 373。

有不善，豈如眾人哉？惟只在於此間爾，蓋猶有己焉。至於無我，則聖人也。顏子切於聖人，未達一息爾。「不遷怒，不貳過，無伐善，無施勞」，「三月不違仁」者，此意也。[190]

子曰：動以人則有妄，動以天則无妄。[191]

子曰：動以人則妄，動以天則无妄。[192]

子曰：妄動由有欲。妄動而得者，其必妄動而失，一失也；其得之，必失之，二失也；況有凶咎隨之乎？是故妄得之福，災亦隨焉；妄得之得，失亦繼焉。苟或知此，亦庶幾乎不由欲而動矣。[193]

子曰：王者奉若天道，動無非天者，故稱天王，命則天命也，討則天討也。盡天道者，王道也。後世以智力持天下者，霸道也。[194]

子曰：无妄，天性也，萬物各得其性，一毫不加損矣。[195]

或問无妄之道。子曰：「因事之當然，順理而應之。」或曰：「聖人制作以利天下，皆造端而非因也，豈妄乎？」子曰：「因風氣之宜，未嘗先時而開人也。如不待時，則一聖人足以盡舉，

---

[190]《二程集（上）・河南程氏遺書卷第十一・明道先生語一・師訓》，頁 126。
[191]《二程集（下）・河南程氏粹言卷第一・論學篇》，頁 1190。
[192]《二程集（下）・河南程氏粹言卷第二・心性篇》，頁 1255。
[193]《二程集（下）・河南程氏粹言卷第一・論學篇》，頁 1185。
[194]《二程集（下）・河南程氏粹言卷第二・君臣篇》，頁 1243。
[195]《二程集（下）・河南程氏粹言卷第二・心性篇》，頁 1261。

又何必累聖繼聖而後備？時乃事之端，聖人隨時而已。」[196]

無妄之謂誠，不欺其次矣。一本云：「李邦直云：『不欺之謂誠。』便以不欺為誠。徐仲車云：『不息之謂誠。』《中庸》言至誠無息，非以無息解誠也。或以問先生，先生曰云云。」[197]

眞近誠，誠者無妄之謂。[198]

誠者天之道，敬者人事之本。敬者用也。敬則誠。[199]

視聽思慮動作皆天也，人但於其中要識得眞與妄爾。[200]

子曰：視聽言動，無非天也。知其正與妄，斯善學矣。[201]

2. 无妄象

「天下雷行，物與无妄」，天下雷行，付與无妄，天性豈有妄耶？聖人「以茂對時育萬物」，各使得其性也。无妄則一毫不可加，安可往也，往則妄矣。〈无妄〉，震下乾上，動以天，安有妄乎？動以人，則有妄矣。[202]

---

[196]《二程集（下）‧河南程氏粹言卷第一‧論事篇》，頁1221。

[197]《二程集（上）‧河南程氏遺書卷第六‧二先生語六》，頁92。

[198]《二程集（上）‧河南程氏遺書卷第二十一下‧伊川先生語七下‧附師說後》，頁274。

[199]《二程集（上）‧河南程氏遺書卷第十一‧明道先生語一‧師訓》，頁127。

[200]《二程集（上）‧河南程氏遺書卷第十一‧明道先生語一‧師訓》，頁131。

[201]《二程集（下）‧河南程氏粹言卷第一‧論學篇》，頁1184。

[202]《二程集（上）‧河南程氏遺書卷第十一‧明道先生語一‧師訓》，頁121–122。

「天下雷行物與无妄」，先天後天，皆合乎天理也，人欲則僞矣。[203]

盡己爲忠，盡物爲信。極言之，則盡己者盡己之性也，盡物者盡物之性也。信者，無僞而已，於天性有所損益，則爲僞矣。《易》〈无妄〉曰：「天下雷行，物與无妄」，動以天理故也。其大略如此，更須研究之，則自有得處。[204]

《易》〈无妄〉曰：「天下雷行物與无妄。」動以天理故也。其大略如此，又須研究之，則自有得處。[205]

聖人於天下事，自不合與，只順得一作佗。天理，茂對時，育萬物。[206]

(二六)大畜卦

1. 通論

先生語子良曰：「……王拱辰君貺初見周茂叔，爲與茂叔世契，便受拜。及坐上，大風起，說〈大畜〉卦，一作說風天〈小畜〉卦。君貺乃起曰：『某適來，不知受卻公拜，今某卻當納拜。』茂叔走避。君貺此一事亦過人。」謝用休問：「當受拜，不當受

---

[203]《二程集（上）·河南程氏外書卷第八·游氏本拾遺》，頁398。

[204]《二程集（上）·河南程氏遺書卷第二十四·伊川先生語十》，頁315。

[205]《二程集（上）·河南程氏外書卷第十一·時氏本拾遺》，頁414。

[206]《二程集（上）·河南程氏遺書卷第六·二先生語六》，頁80。

拜？」曰：「分已定，不受乃是。」謝天申字用休，溫州人。[207]

2. 大畜象

陳瑩中答吳國華書，天在山中，說云：「便是芥子納須彌之義。」先生謂正南北說，卻須彌無體，芥子無量。[208]

登山難爲言，以言聖人之道大。觀瀾必照，因又言其道之無窮。瀾，水之動處，苟非源之無窮，則無以爲瀾；非日月之明無窮，則無以容光必照。其下又言其篤實而光輝也。一作篤實而不窮。成章者，篤實而有光輝也。今以瓦礫積之，雖如山嶽，亦無由有光輝。若使積珠玉，小積則有小光輝，大積有大光輝。[209]

3. 大畜象

問：「人有志於學，然智識蔽固，力量不至，則如之何？」曰：「只是致知。若致知，則智識當自漸明，不曾見人有一件事終思不到也。智識明，則力量自進。」問曰：「何以致知？」曰：「在明理。或多識前言往行，識之多則理明，然人全在勉強也。」[210]

---

[207]《二程集（上）·河南程氏遺書卷第二十二上·伊川先生語八上·伊川雜錄》，頁 278。

[208]《二程集（上）·河南程氏遺書卷第十九·伊川先生語五》，頁 250。

[209]《二程集（上）·河南程氏遺書卷第十五·伊川先生語一·入關語錄》，頁 154。

[210]《二程集（上）·河南程氏遺書卷第十八·伊川先生語四》，頁 188–189。

《六經》之言，在涵畜中默識心通。精義為本。[211]

4. 六四

敎人之術，若童牛之牿，當其未能觸時，已先制之，善之大者。
其次，則豶豕之牙。豕之有牙，旣已難制，以百方制之，終不能
使之改，惟豶其勢，則性自調伏，雖有牙亦不能爲害。如有不率
敎之人，卻須置其檟楚，別以道格其心，則不須檟楚，將自化
矣。[212]

子曰：止惡當於其微，至盛而後禁，則勞而有傷矣。君惡旣甚，
雖以聖人救之，亦不免咈違也。民惡旣甚，雖以聖人治之，亦不
免於刑戮也。[213]

5. 六五

「豶豕之牙。」豕牙最能嚙害人，只制其牙，如何制得？今人爲
惡，卻只就他惡禁之，便無由禁止，此見聖人機會處。[214]

子曰：禁人之惡者，獨治其惡，而不絕其爲惡之原，則終不得
止。《易》曰：「豶豕之牙吉。」見聖人處機會之際也。[215]

---

[211]《二程集（上）·河南程氏遺書卷第十五·伊川先生語一·入關語
　　錄或云：明道先生語》，頁143。

[212]《二程集（上）·河南程氏遺書卷第二上·二先生語二上·元豐己
　　未呂與叔東見二先生語》，頁14。

[213]《二程集（下）·河南程氏粹言卷第二·君臣篇》，頁1243。

[214]《二程集（上）·河南程氏遺書卷第十九·伊川先生語五》，頁
　　248。

[215]《二程集（下）·河南程氏粹言卷第一·論書篇》，頁1207。

「豶豕之牙吉」，不去其牙而豶其勢，則自善矣。治民者不止其爭而敎之讓之，類是也。[216]

(二七)頤卦

1. 通論

子曰：物聚而無以養之，則不能存息矣。故君子：動靜節宣，所以養生也；飲食衣服，所以養形也；威儀行動，所以養德也；推己及物，所以養人也。養道之所貴，惟正而已矣。[217]

(二八)大過卦

1. 通論

或問：「《易》有〈大過〉，何也？」子曰：「聖人盡道而無過，故曰大過，亦當事之大耳。猶堯、舜禪遜，湯、武放伐之類也。道無不中也，無不常也。以世人所不常見，則謂之大過於常耳。是故立非常之大事，興不世之大功，成絕俗之大德，皆大過之事，而實無所過也。」[218]

(二九)習坎卦

1. 六四

問：「〈坎〉之六四，『樽酒簋貳用缶，納約自牖』，何義

---

[216]《二程集（上）・河南程氏遺書卷第十一・明道先生語一・師訓》，頁 131。

[217]《二程集（下）・河南程氏粹言卷第一・論學篇》，頁1187–1188。

[218]《二程集（下）・河南程氏粹言卷第一・論書篇》，頁 1201。

也？」曰：「〈坎〉，險之時也，此是聖人論大臣處險難之法。
『樽酒簋貳用缶』，謂當險難之時，更用甚得？無非是用至誠
也。『納約自牖』，言欲納約於君，當自明處。牖者，開明之處
也。欲開悟於君，若於君所蔽處，何由入得？如漢高帝欲易太
子，他人皆爭以嫡庶之分。夫嫡庶之分，高祖豈不知得分明？直
知不是了犯之。此正是高祖所蔽處，更豈能曉之？獨留侯招致四
皓，此正高祖所明處。蓋高祖自匹夫有天下，皆豪傑之力，故憚
之。留侯以四皓輔太子，高祖知天下豪傑歸心於惠帝，故更不易
也。昔秦伐魏，欲以長安君爲質，太后不可。左師觸龍請見，云
云，遂以長安君爲質焉。夫太后只知愛子，更不察利害，故左師
以愛子之利害開悟之也。」[219]

子曰：人臣以忠信善道事其君者，必達其所蔽，而因其所明，乃
能入矣。雖有所蔽，亦有所明，未有冥然而皆蔽者也。古之善諫
者，必因君心所明，而後見納。是故許直強果者，其說多忤；溫
厚明辯者，其說多行。愛戚姬，將易嫡庶，是其所蔽也；素重四
老人之賢而不能致，是其所明也。四老人之力，孰與夫公卿及天
下之心？其言之切，孰與周昌、叔孫通也？高祖不從彼而從此
者，留侯不攻其蔽而就其明也。趙王太后愛其少子長安君，不使
爲質於齊，是其蔽也；愛之欲其富貴久長於齊，是其所明也。左
師觸龍所以導之者，亦因其明爾，故其受命如響。夫教人者，亦
如此而已。[220]

事君須體納約自牖之意。人君有過，以理開諭之，既不肯聽，雖
當救止，於此終不能回，卻須求人君開納處進說。牖乃開明處。

---

[219]《二程集（上）‧河南程氏遺書卷第十八‧伊川先生語四》，頁222。
[220]《二程集（下）‧河南程氏粹言卷第二‧君臣篇》，頁1243。

如漢祖欲廢太子，叔孫通言嫡庶根本，彼皆知之，既不肯聽矣，縱使能言，無以易此。惟張良知四皓素爲漢祖所敬，招之使事太子，漢祖知人心歸太子，乃無廢立意。及左師觸龍事，亦相類。[221]

(三十)離卦（未見）

(三一)咸卦

1. 通論

〈咸〉〈恆〉，體用也。體用無先後。[222]

子曰：天地之閒，感應而已，尙復何事？[223]

天地之間，只有一箇感與應而已，更有甚事？[224]

心本善，發於思慮，則有善有不善。[225]

2. 咸象

凡物參和交感則生，不和分散則死。[226]

---

[221]《二程集（上）·河南程氏遺書卷第二上·二先生語二上·元豐己未呂與叔東見二先生語》，頁 14。

[222]《二程集（上）·河南程氏遺書卷第十一·明道先生語一·師訓》，頁 119。

[223]《二程集（下）·河南程氏粹言卷第二·天地篇》，頁 1226。

[224]《二程集（上）·河南程氏遺書卷第十五·伊川先生語一·入關語錄》，頁 152。

[225]《二程集（上）·河南程氏遺書卷第十八·伊川先生語四·劉元承手編》，頁 204。

[226]《二程集（上）·河南程氏遺書卷第六·二先生語六》，頁 82。

子曰：聖人感天下之心，如寒暑雨暘，無所不通，無所不應者，正而已矣。正者，虛中無我之謂也，以有繫之私心，膠於一隅，主於一事，其能廓然通應而無不徧乎？[227]

3. 六二

「君子所依，小人所腓」，喻君子之憑依士眾，小人則腓也。《易》「咸其腓」，腓腳肚動貌。[228]

4. 九四

〈咸〉六四言「貞吉悔亡」，言感之不可以心也。不得只恁地看過，更留心。[229]

夫天地之常，以其心普萬物而無心；聖人之常，以其情順萬事而無情。故君子之學，莫若廓然而大公，物來而順應。《易》曰：「貞吉悔亡。憧憧往來，朋從爾思。」苟規規於外誘之除，將見滅於東而生於西也。非惟日之不足，顧其端無窮，不可得而除也。[230]

(三二)恆卦

1. 恆象

子曰：「天地所以不已，有常久之道也。人能常於可久之道，則

---

[227]《二程集（下）‧河南程氏粹言卷第一‧論政篇》，頁 1212。

[228]《二程集（上）‧河南程氏外書卷第一‧朱公掞錄拾遺》，頁 354。

[229]《二程集（上）‧河南程氏遺書卷第六‧二先生語六》，頁 83。

[230]《二程集（上）‧河南程氏文集卷第二‧明道先生文二‧書記‧答橫渠張子厚先生書》，頁 460。王孝魚校記云：「呂本題目作『答橫渠先生定性書』」。

與天地合。」[231]

2. 初六

或問劉蕡，曰：「浚恒之凶，始求深也。」曰：「然則宜如何？」曰：「尺蠖之屈，以求伸也。疎遠小臣，一旦欲以新閒舊，難矣。」[232]

(三三)遯卦（未見）

(三四)大壯卦

1. 六五

「喪羊于易。」羊群行而觸物。〈大壯〉眾陽並進，六五以陰居位，惟和易然後可以喪羊。易非難易之易，乃和易樂易之易。[233]

(三五)晉卦（未見）

(三六)明夷卦

1. 明夷象

子曰：退之作〈羑里操〉曰：「臣罪當誅兮，天王聖明。」可謂

---

[231]《二程集（下）‧河南程氏粹言卷第二‧天地篇》，頁 1225。

[232]《二程集（上）‧河南程氏外書卷第十一‧時氏本拾遺》，頁411。

[233]《二程集（上）‧河南程氏遺書卷第十九‧伊川先生語五》，頁 248。

知文王之心矣。[234]

2. 初九

子曰：知幾者，君子之獨見，非眾人所能及也。穆生為酒醴而
去，免於胥靡之辱，袁閎為土室之隱，免於黨錮之禍；薛方守箕
山之節，免於新室之汙：其知幾矣。[235]

(三七) 家人卦

1. 通論

王通〈家人〉卦是。《易傳》言明內齊外，非取象意，疑此是字上脫
一不字也。[236]

(三八) 睽卦

1. 卦辭

〈睽〉卦不見四德，蓋不容著四德。繇言「小事吉」者，止是方
睽之時，猶足以致小事之吉。不成終睽而已？須有濟睽之道。[237]

2. 上九

〈睽〉之上九，〈離〉也。〈離〉之為德，在諸卦莫不以為明，

---

[234]《二程集（下）‧河南程氏粹言卷第一‧論書篇》，頁 1208。
[235]《二程集（下）‧河南程氏粹言卷第二‧聖賢篇》，頁 1231。
[236]《二程集（上）‧河南程氏遺書卷第六‧二先生語六》，頁 92。
[237]《二程集（上）‧河南程氏遺書卷第十七‧伊川先生語三》，頁
    178。按：此則別裁自〈革‧象〉而來。

獨於〈睽〉便變爲惡。以陽在上則爲亢，以剛在上則爲很 [238]，以明在上變而爲察，以很以察，所以爲睽之極也，故曰：「見豕負塗，載鬼一車。」皆自任己察之所致。然往而遇雨則吉，遇雨者，睽解也。睽解有二義：一是物極則必反，故睽極則必通，若睽極不通，卻終於睽而已；二是所以能解睽者，卻是用明之功也。[239]

(三九)蹇卦

1. 通論

〈蹇〉便是處蹇之道，〈困〉便是處困之道，道無時不可行。[240]

2. 蹇彖

子曰：君子在蹇則有以處蹇，在困則有以處困，道無時而不可行也，不以蹇而蹇，困而困也。[241]

3. 蹇象

〈蹇〉「以反身修德」，故往者在外也，在外必蹇；來者在內也，在內則有譽。「無尤」，「來連」，「朋來」，「來碩」，皆反身修德之謂也。「蹇蹇」，不暴進，內顧之象也。暴進出外

---

[238] 王孝魚校記云：「呂本『很』作『狠』，下『很』字同。」

[239]《二程集（上）・河南程氏遺書卷第十七・伊川先生語三》，頁174。

[240]《二程集（上）・河南程氏遺書卷第五・二先生語五》，頁76。互見於〈困卦・通論〉。

[241]《二程集（下）・河南程氏粹言卷第二・人物篇》，頁1268。互見於〈困卦・困象〉。

則無事矣。連音平。連則無窮也。朋來則眾來，言朋來未免於有思也。至於來碩，則來處於大人之事也，故曰「從貴」。[242]

4. 九五

子曰：守節秉義，而才不足以濟天下之難者，李固、王允、周顗、王導之徒是已。[243]

(四十)解卦（未見）

(四一)損卦

1. 六三

「道二，仁與不仁而已」，自然理如此。道無無對，有陰則有陽，有善則有惡，有是則有非，無一亦無三。故《易》曰：「三人行則損一人，一人行則得其友，只是二也。」[244]

子曰：無一亦無三，故曰「三人行則損一人，一人行則得其友」，是二而已。[245]

顏子短命之類，以一人言之，謂之不幸可也；以大目觀之，天地之間無損益，無進退。譬如一家之事，有子五人焉，三人富貴而

---

[242] 《二程集（上）・河南程氏外書卷第六・羅氏本拾遺》，頁 378。

[243] 《二程集（下）・河南程氏粹言卷第二・聖賢篇》，頁 1232。天按：《易程傳》寋九五象注云：「自古守節秉義，而才不足以濟者，豈少乎？漢李固、王允、晉周顗、王導之徒是也。」

[244] 《二程集（上）・河南程氏遺書卷第十五・伊川先生語一・入關語錄》，頁 153。

[245] 《二程集（下）・河南程氏粹言卷第一・論道篇》，頁 1175。

二人貧賤，以二人言之則不足，以父母一家言之則有餘矣。若孔子之至德，又處盛位，則是化工之全爾。以孔、顏言之，於一人有所不足，以堯、舜、禹、湯、文、武、周公群聖人言之，則天地之間亦富有餘一作亦云富有。也。「惠迪吉，從逆凶」，常行之理也。[246]

(四二)益卦

1. 益象

子曰：有過必改，罪己是也，改而已矣。常有歉悔之意，則反爲心害。[247]

子曰：學者欲得正，必以顏子爲準的。[248]

(四三)夬卦 (未見)

(四四)姤卦

1. 姤象

子曰：天地不相遇，則萬物不生；君臣不相遇，則政治不興；聖賢不相遇，則道德不亨；事物不相遇，則功用不成。遇之道，大矣哉！[249]

---

[246]《二程集（上）・河南程氏遺書卷第十一・明道先生語一・師訓》，頁131。

[247]《二程集（下）・河南程氏粹言卷第一・論學篇》，頁1184。

[248]《二程集（下）・河南程氏粹言卷第一・論學篇》，頁1184。

[249]《二程集（下）・河南程氏粹言卷第一・論道篇》，頁1172。

2. 九五

高宗好賢之意，與《易》〈姤〉卦同。九五「以杞包瓜，含章，有隕自天。」杞生於最高處，瓜美物生低處，以杞包瓜，則至尊逮下之意也。既能如此，自然有賢者出，故有隕自天也。後人遂有天祐生賢佐之說。[250]

(四五) 萃卦

1. 通論

古人祭祀用尸，極有深意，不可不深思。蓋人之魂氣既散，孝子求神而祭，無尸則不饗，無主則不依。故《易》於〈渙〉、〈萃〉，皆言「王假有廟」，即渙散之時事也。魂氣必求其類而依之。人與人既爲類，骨肉又爲一家之類。己與尸各既已潔齊，至誠相通，以此求神，宜其饗之。後世不知此，一本有道字。直以尊卑之勢，遂不肯行爾古人爲尸者，亦自處如何，三代之末，已是不得已而廢。[251]

2. 卦辭

〈萃〉、〈渙〉皆「享於帝，立廟」，因其精神之聚而形於此，爲其渙散，故立此以收之。[252]

---

[250]《二程集（上）‧河南程氏遺書卷第二十二上‧伊川先生語八上‧伊川雜錄》，頁 290。

[251]《二程集（上）‧河南程氏遺書卷第一‧二先生語一‧端伯傳師說》，頁 6-7。

[252]《二程集（上）‧河南程氏遺書卷第三‧二先生語三‧謝顯道記憶平日語‧明道先生語》，頁 60。

子曰：天下之聚，貴以正。聚不以正，於人則為苟合，於財則為悖入。[253]

(四六)升卦

1. 六四

或問：「〈升〉卦有大臣之事乎？」子曰：「道何所不在？」曰：「大臣而猶升也，則何之矣？」子曰：「上則升君於道，下則升賢於朝，己則止其分耳，分則當止而德則當升也。盡是道者，文王也。」[254]

(四七)困卦

1. 通論

〈蹇〉便是處蹇之道，〈困〉便是處困之道，道無時不可行。[255]

2. 困象

子曰：君子在蹇則有以處蹇，在困則有以處困，道無時而不可行也，不以蹇而蹇，困而困也。[256]

---

[253]《二程集（下）‧河南程氏粹言卷第二‧人物篇》，頁 1265。按：《易程傳》於〈萃卦〉卦辭注云：「萃以不正，則人聚為苟合，財為悖入，安得亨乎？故利貞。」

[254]《二程集（下）‧河南程氏粹言卷第二‧君臣篇》，頁 1244。

[255]《二程集（上）‧河南程氏遺書卷第五‧二先生語五》，頁 76。互見於〈蹇卦‧通論〉。

[256]《二程集（下）‧河南程氏粹言卷第二‧人物篇》，頁 1268。互見於〈蹇卦‧蹇象〉。

自曾子守義，皆說篤實自內正本之學，則觀人可以知言。蔽、陷、遁、窮，皆離本也。宰我、子貢善爲說辭，冉牛、閔子、顏淵善言德行，孔子兼之。蓋有德者必有言，而曰「我於辭命不能」者，不尚言也。《易》所謂「尚口乃窮」也。伯淳。[257]

(四八) 井卦

1. 六四

周爰闕里，惟顏舊止；巷汙以榛，井堙而圮。鄉閭蚩蚩，弗視弗履；有卓其誰，師門之嗣。追古念今，有惻其心；良價善諭，發帑出金。巷治以闢，井渫而深；清泉澤物，佳木成陰。載基載落，亭曰顏樂。[258]

(四九) 革卦

1. 卦辭

子曰：古之人重改作。變政易法，人心始以爲疑者有之矣，久而必信，乃其改作之善也。始既疑之，終復不信，而能善治者，未之有也。[259]

---

[257]《二程集（上）‧河南程氏外書卷第二‧朱公掞問學拾遺》，頁363。

[258]《二程集（上）‧河南程氏文集卷第三‧明道先生文三‧銘詩‧顏樂亭銘》，頁472。

[259]《二程集（下）‧河南程氏粹言卷第一‧論政篇》，頁1212。

2. 革象

〈革〉言水火相息，息止息也。既有止息之理，亦有生息之理。[260]

(五十)鼎卦（未見）

(五一)震卦

1. 卦辭

子曰：當大震懼，能自安而不失者，惟誠敬而已。[261]

(五二)艮卦

1. 通論

周茂叔謂一部《法華經》只消一箇〈艮〉卦可了。[262]

看一部《華嚴經》，不如看一〈艮〉卦。經只言一止觀。[263]

〈艮〉卦只明使萬物各有止，止分便定。「艮其背，不獲其身，不見其人。」[264]

---

[260]《二程集（上）・河南程氏遺書卷第十七・伊川先生語三》，頁178。

[2561]《二程集（下）・河南程氏粹言卷第二・天地篇》，頁1227。按：《易程傳》於〈震〉卦辭注云：「故臨大震懼，能安而不自失者，唯誠敬而已，此處震之道也。」

[262]《二程集（上）・河南程氏外書卷第十・大全集拾遺》，頁408。

[263]《二程集（上）・河南程氏遺書卷第六・二先生語六》，頁81。

[264]《二程集（上）・河南程氏遺書卷第六・二先生語六》，頁83。

子曰：艮，止其所也。萬物各止其所，分無不定矣。[265]

息，止也，生也。止則便生，不止則不生。〈艮〉，始終萬物。[266]

2. 卦辭

人之情各有所蔽，故不能適道，大率患在於自私而用智。自私則不能以有爲爲應迹，一作物。用智則不能以明覺爲自然。今以惡外物之心，而求照無物之地，是反鑑而索照也。《易》曰：「艮其背，不獲其身，行其庭，不見其人。」[267]

3. 艮象

「艮其止，止其所也。」各止其所，父子止於恩，君臣止於義之謂。「艮其背」，止於所不見也。[268]

「艮其止，止其所也。」八元有善而舉之，四凶有罪而誅之，各止其所也。釋氏只曰止，安知止乎？吳本罪作惡，誅作去。[269]

「艮其背」，止欲於無見。若欲見於彼而止之，所施各異。若「艮其止，止其所也」，止各當其所也。聖人所以應萬變而不窮一作勞。者，事各止當其所也。若鑑在此，而物之妍媸自見於彼

---

[265] 《二程集（下）‧河南程氏粹言卷第一‧論書篇》，頁 1209。

[266] 《二程集（上）‧河南程氏遺書卷第六‧二先生語六》，頁 87。

[267] 《二程集（上）‧河南程氏文集卷第二‧明道先生文二‧書記‧答橫渠張子厚先生書》，頁 460-461。王孝魚校記「答橫渠張子厚先生書」云：「呂本題目作『答橫渠張先生定性書』」。

[268] 《二程集（上）‧河南程氏遺書卷第十一‧明道先生語一‧師訓》，頁 133。

[269] 《二程集（上）‧河南程氏遺書卷第十三‧明道先生語三‧亥八月見先生於洛所聞》，頁 138。

也。聖人不與焉，時止則止，時行則行。時行對時止而言，亦止其所也。[270]

孟子曰：「可以仕則仕，可以止則止，可以久則久，可以速則速，孔子也，孔子聖之時者也。」知《易》者莫如孟子矣。[271]

孟子曰：「可以仕則仕，可以止則止，可以久則久，可以速則速，孔子也。孔子，聖之時者也。」故知《易》者，莫若孟子。[272]

由孟子可以觀《易》。[273]

4. 艮象

「艮，思不出其位」，乃止其所也。「動靜不失其時」，皆止其所也。「艮其背」，乃止也。背無欲無思也，故可止。[274]

5. 艮九二

子曰：君子之處高位也，有拯而無隨焉；在下位也，則有當拯，有當隨焉。[275]

---

[270]《二程集（上）‧河南程氏外書卷第三‧陳氏本拾遺》，頁 367–368。

[271]《二程集（下）‧河南程氏粹言卷第二‧聖賢篇》，頁 1237。

[272]《二程集（上）‧河南程氏遺書卷第二十五‧伊川先生語十一‧暢潛道錄》，頁 327。

[276]《二程集（上）‧河南程氏外書卷第三‧陳氏本拾遺》，頁 366。

[274]《二程集（上）‧河南程氏外書卷第三‧陳氏本拾遺》，頁 368。

[275]《二程集（下）‧河南程氏粹言卷第二‧君臣篇》，頁 1245。

（五三）漸卦（未見）

（五四）歸妹卦（未見）

（五五）豐卦（未見）

（五六）旅卦（未見）

（五七）巽卦（未見）

（五八）兌卦

1. 兌彖

體〈兌‧彖〉之悅民，下安其教；同周《詩》之戒事，衆樂而趨。[276]

2. 兌象

朋友講習，更莫如相觀而善工夫多。[277]

天下之悅不可極，惟朋友講習，雖過悅無害。兌澤有相滋益處。一本注云：「兌澤有自相滋益之意。」[278]

蘇洵曰：「平居講習，殆空言也，何益？不若治經傳道，爲居業

---

[276]《二程集（上）‧河南程氏文集卷第二‧明道先生文二‧書記‧南廟試佚道使民賦》，頁 463。

[277]《二程集（上）‧河南程氏遺書卷第二上‧二先生語二上‧元豐己未呂與叔東見二先生語》，頁 23。

[278]《二程集（上）‧河南程氏遺書卷第六‧二先生語六》，頁 84。

之實耳。」子曰：「講習而無益，蓋未嘗有得耳。治經固學之事，苟非自有所得，則雖《五經》，亦空言耳。」[279]

子曰：夫人之說，無可極者，惟朋友講習以相資益，爲說之至也。[280]

(五九)渙卦（未見）

(六十)節卦

1. 上六

子曰：能守節，善矣，亦貴乎適中而已。節而過中，是謂苦節，安能常且久耶？[281]

(六一)中孚卦（未見）

(六二)小過卦

1. 九三

子曰：陰過之時必害陽，小人道盛必害君子。欲無害者，惟過爲防耳。弗過防之，從或戕之。[282]

(六三)既濟卦（未見）

---

[279]《二程集（下）‧河南程氏粹言卷第一‧論學篇》，頁1185。
[280]《二程集（下）‧河南程氏粹言卷第一‧論書篇》，頁1204。
[281]《二程集（下）‧河南程氏粹言卷第一‧論學篇》，頁1185。
[282]《二程集（下）‧河南程氏粹言卷第二‧天地篇》，頁1225。

(六四)未濟卦

1. 通論

先生過成都，坐於所館之堂讀《易》。有造桶者前視之，指〈未濟〉卦問。先生曰：「何也？」曰：「三陽皆失位。」先生異之，問其姓與居，則失之矣。《易傳》曰：「聞之成都隱者。」

《酉室所聞》云：田夫釋未者，誤。[283]

---

[283]《二程集（上）·河南程氏外書卷第十一·時氏本拾遺》，頁 412。

三、繫辭上傳

(一)第一章

聖人用意深處，全在《繫辭》，《詩》、《書》乃格言。明。[1]

「天尊，地卑。」尊卑之位定，而乾坤之義明矣。高卑既別，貴賤之位分矣。陽動陰靜，各有其常，則剛柔判矣。事有理，一本作萬事理也。物有形也。事則有類，形則有群，善惡分而吉凶生矣。象見於天，形成於地，變化之跡見矣。陰陽之交相摩軋，八方之氣相推盪，雷霆以動之，風雨以潤之，日月運行，寒暑相推，而成造化之功。得乾者成男，得坤者成女。乾當始物，坤當成物。乾坤之道，易簡而已。乾始物之道易，坤成物之能簡。平易，故人易知；簡直，故人易從。易知則可親就而奉順，易從則可取法而成功。親合則可以常久，成事則可以廣大。聖賢德業久大，得易簡之道也。天下之理，易簡而已。有理而後有象，「成位乎其中」也。[2]

「坤作成物」，是積學處；「乾知大始」，是成德處。[3]

---

[1] 《二程集（上）‧河南程氏遺書卷第二上‧二先生語二上‧元豐己未呂與叔東見二先生語》，頁 13。

[2] 《二程集（下）‧河南程氏經說卷第一‧伊川先生語‧易說‧繫辭》，頁 1027。

[3] 《二程集（上）‧河南程氏遺書卷第五‧二先生語五》，頁 77。

天只主施，成之者地也。[4]

(二)第二章

聖人既設卦，觀卦之象而繫之以辭，明其吉凶之理；以剛柔相推而知變化之道。吉凶之生，由失得也。悔吝者，可憂虞也。進退消長，所以成變化也。剛柔相易而成晝夜，觀晝夜，則知剛柔之道矣。三極，上中下也。極，中也，皆其時中也。三才，以物言也。三極，以位言也。六爻之動，以位爲義，乃其序也；得其序則安矣。辭所以明義，玩其辭義，則知其可樂也。觀象玩辭而能通其意，觀變玩占而能順其時，動不違於天矣。[5]

(三)第三章

彖言卦之象，爻隨時之變，因失得而有吉凶。能如是，則得无咎。位有貴賤之分，卦兼小大之義。吉凶之道，於辭可見。以悔吝爲防，則存意於微小。震懼而得无咎者，以能悔也。卦有小大，於時之中有小大也。有小大則辭之險易殊矣，辭各隨其事也。[6]

---

4 《二程集（上）·河南程氏遺書卷第六·二先生語六》，頁 83。

5 《二程集（下）·河南程氏經說卷第一·伊川先生語·易說·繫辭》，頁 1027-1028。

6 《二程集（下）·河南程氏經說卷第一·伊川先生語·易說·繫辭》，頁 1028。

（四）第四章

聖人作易，以準則天地之道。《易》之義，天地之道也，「故能彌綸天地之道」。彌，徧也。綸，理也。在事為倫，治絲為綸。彌綸，徧理也。徧理天地之道，而復仰觀天文，俯察地理，驗之著見之跡，故能「知幽明之故」。在理為幽，成象為明。「知幽明之故」，知理與物之所以然也。原，究其始；要，考其終；則可以見死生之理。聚為精氣，散為游魂。聚則為物，散則為變。觀聚散，則見「鬼神之情狀」。萬物始終，聚散而已。鬼神，造化之功也。以幽明之故，死生之理，鬼神之情狀觀之，則可以見「天地之道」。

《易》之義，與天地之道相似，故無差違，相似，謂同也。「智周乎萬物而道濟天下，故不過。」義之所包，知也。其義周盡萬物之理，其道足以濟天下，故無過差。「旁行而不流」，旁通遠及而不流失正理。順乎理，「樂天」也。安其分，「知命」也。順理安分故無所憂。「安土」，安所止也；「敦乎仁」，存乎同也；是以「能愛」。

「範圍」，俗語謂之模量。模量天地之運化而不過差，委曲成就萬物之理而無遺失，通晝夜闔闢屈伸之道而知其所以然。如此，則得天地之妙用，知道德之本源；所以見至神之妙，無有方所，而易之準道，無有形體。[7]

「原始反終，故知死生之說」，但窮得，則自知死生之說，不須

---

[7] 以上三則俱見《二程集（下）‧河南程氏經說卷第一‧伊川先生語‧易說‧繫辭》，頁 1028–1029。

將死生便做一箇道理求。[8]

問：「世言鬼神之事，雖知其無，然不能無疑懼，何也？」曰：「此只是自疑爾。」曰：「如何可以曉悟其理？」曰：「理會得精氣爲物、遊魂爲變、與原始要終之說，便能知也。須是於原字上用工夫。」或曰：「遊魂爲變，是變化之變否？」曰：「既是變，則存者亡，堅者腐，更無物也。鬼神之道，只恁說與賢，雖會得亦信不過，須是自得也。」[9]

又曰：「原始要終，故知死生之說。」人能原始，知得生理，一作所以生。便能要終，知得死理。一作所以死。若不明得，便雖千萬般安排著，亦不濟事。[10]

夫子曰：「未知生，焉知死？」知生則知死矣，能原始則能要終矣。[11]

或問鬼神之有無。子曰：吾爲爾言無，則聖人有是言矣；爲爾言有，爾得不於吾言求之乎？[12]

子曰：聚爲精氣，散爲游魂；聚則爲物，散則爲變。觀聚散，則鬼神之情狀著矣。萬物之始終，不越聚散而已。鬼神者，造化之

---

[8]《二程集（上）‧河南程氏遺書卷第十五‧伊川先生語一‧入關語錄》，頁153。

[9]《二程集（上）‧河南程氏遺書卷第十八‧伊川先生語四‧劉元承手編》，頁190。

[10]《二程集（上）‧河南程氏遺書卷第十八‧伊川先生語四‧劉元承手編》，頁197–198。

[11]《二程集（上）‧河南程氏文集卷第九‧伊川先生文五‧書啓‧答鮑若雨書並答問》，頁617。

[12]《二程集（下）‧河南程氏粹言卷第二‧天地篇》，頁1225。

功也。[13]

又問：「《易》言『知鬼神之情狀』，果有情狀否？」曰：「有之。」又問：「既有情狀，必有鬼神矣。」曰：「《易》說鬼神，便是造化也。」[14] 又問：「如 [15] 名山大川能興雲致雨，何也？」曰：「氣之蒸成耳。」又問：「既有祭，則莫須有神否？」曰：「只氣便是神也。今人不知此理，纔有水旱，便去廟中祈禱。不知雨露是甚物，從何處出，復於廟中求耶？名山大川能興雲致雨，卻都不說著，卻只於山川外木土人身上討雨露，木土人身上有雨露耶？」又問：「莫是人自興妖？」曰：「只妖亦無，皆人心興之也。世人只因祈禱而有雨，遂指爲靈驗耳。豈知適然？某嘗至泗州，恰值大聖見。及問人曰：『如何形狀？』一人曰如此，一人曰如彼，只此可驗其妄。興妖之人皆若此也。昔有朱定，亦嘗來問學，但非信道篤者，曾在泗州守官，值城中火，定遂使兵士舁僧伽避火。某後語定曰：『何不舁僧伽在火中？若爲火所焚，即是無靈驗，遂可解天下之惑。若火遂滅，因使天下人尊敬可也。此時不做事，待何時邪？』惜乎定識不至此。」

仲尼於《論語》中未嘗說神字，只於《易》中，不得已言數處而已。[16]

---

[13]《二程集（下）・河南程氏粹言卷第二・人物篇》，頁1270。

[14]《二程集（上）・河南程氏遺書卷第二十二上・伊川先生語八上・伊川雜錄》，頁 288。

[15] 王孝魚校記云：「呂本、徐本均無『如』字。」

[16]《二程集（上）・河南程氏遺書卷第十五・伊川先生語一・入關語錄或云：明道先生語》，頁165。忠天按：《周易》卦爻辭中未見「神」字，惟《易傳》中則廣泛使用，約有 34 例。

知生之道，則知死之道；盡事人之道，則盡事鬼之道。死生人鬼，一而二，二而一者也。[17]

原始則足以知其終，反終則足以知其始，死生之說，如是而已矣。故以春爲始而原之，其必有冬；以冬爲終而反之，其必有春。死生者，其與是類也。[18]

仁者在己，何憂之有？凡不在己，逐物在外，皆憂也。「樂天知命故不憂」，此之謂也。若顏子簞瓢，在他人則憂，而顏子獨樂者，仁而已。[19]

冬寒夏暑，陰陽也；所以運動變化者，神也。神無方，故易無體。若如或者別立一天，謂人不可以包天，則有方矣，是二本也。[20]

「天下皆憂，吾獨得不憂；天下皆疑，吾獨得不疑」；與「樂天知命吾何憂，窮理盡性吾何疑」，皆心也。自分「心」「迹」以下一段皆非。[21]

「範圍天地之化而不過」者，模範出一天地爾，非在外也。如此

---

[17] 《二程集（上）・河南程氏遺書卷第二十五・伊川先生語十一・暢潛道錄胡氏注云：「識者疑其間多非先生語。」》，頁 320。

[18] 《二程集（上）・河南程氏遺書卷第二十五・伊川先生語十一・暢潛道錄胡氏注云：「識者疑其間多非先生語。」》，頁 324。

[19] 《二程集（上）・河南程氏外書卷第一・朱公掞錄拾遺》，頁 352。

[20] 《二程集（上）・河南程氏遺書卷第十一・明道先生語一・師訓劉絢質夫錄》，頁 121。

[21] 《二程集（上）・河南程氏遺書卷第十一・明道先生語一・師訓》，頁 133。

曲成萬物，豈有遺哉？[22]

「範圍天地之化。」天本廓然無窮，但人以目力所及，見其寒暑之序、日月之行，立此規模，以窺測他。天地之化，不是天地之化其體有如城郭之類，都盛其氣。假使言日升降於三萬里，不可道三萬里外更無物。又如言天地升降於八萬里中，不可道八萬里外天地盡。學者要默體天地之化。如此言之，甚與天地不相似，其卒必有窒礙。有人言無西海，便使無西海，亦須是有山。無陰陽處，便無日月。[23]

問：「『在邦無怨，在家無怨』，不知怨在己，在人？」曰：「在己。」曰：「既在己，舜何以有怨？」曰：「怨只是一箇怨，但其用處不同。舜自是怨。如舜不怨，卻不是也。學須是通，不得如此執泥。如言『仁者不憂』，又卻言『作《易》者其有憂患』，須要知用處各別也。天下只有一箇憂字，一箇怨字。既有此二字，聖人安得無之？如王通之言甚好，但爲後人附會亂卻。如魏徵問：『聖人有憂乎？』曰：『天下皆憂，吾獨得不憂？』問疑。曰：『天下皆疑，吾獨得不疑？』謂董常曰：『樂天知命，吾何憂？窮理盡性，吾何疑？』如此自不相害，說得極好，至下面數句言心迹之判，便不是，此皆後人附會，適所以爲贅也。」[24]

---

[22]《二程集（上）・河南程氏遺書卷第十一・明道先生語一・師訓劉絢質夫錄》，頁118。

[23]《二程集（上）・河南程氏遺書卷第十五・伊川先生語一・入關語錄》，頁148。

[24]《二程集（上）・河南程氏遺書卷第十八・伊川先生語四・劉元承手編》，頁219–220。

「樂天知命」，通上下之言也。聖人樂天，則不須言知命。知命者，知有命而信之者爾，「不知命無以爲君子」是矣。命者所以輔義，一循於義，則何庸斷之以命哉？若夫聖人之知天命，則異於此。[25]

「仁者不憂」，樂天者也。[26]

通乎晝夜之道，而知晝夜，死生之道也。[27]

子曰：語默猶晝夜爾，死生猶古今爾。[28]

子曰：晝夜者，死生之道也。知生之道，則知死矣。盡人之道，則能事鬼矣。死生、人鬼，一而二、二而一者也。[29]

佛氏不識陰陽晝夜死生古今，安得謂形而上者與聖人同乎？[30]

(五)第五章

道者，一陰一陽也。動靜無端，陰陽無始。非知道者，孰能識之？動靜相因而成變化，順繼此道，則爲善也；成之在人，則謂

---

[25]《二程集（上）・河南程氏遺書卷第十一・明道先生語一・師訓》，頁125。

[26]《二程集（上）・河南程氏遺書卷第十一・明道先生語一・師訓》，頁125。

[27]《二程集（上）・河南程氏遺書卷第二十五・伊川先生語十一・暢潛道錄》，頁320。

[28]《二程集（下）・河南程氏粹言卷第一・論道篇》，頁1175。

[29]《二程集（下）・河南程氏粹言卷第一・論道篇》，頁1178。

[30]《二程集（上）・河南程氏遺書卷第十四・明道先生語四・亥九月過汝所聞　劉絢質夫錄》，頁141。

之性也。在眾人，則不能識。隨其所知，故仁者謂之仁，知者謂之知，百姓則由之而不知。故君子之道，人鮮克知也。

運行之跡，生育之功，「顯諸仁」也。神妙無方，變化無跡，「藏諸用」也。天地不與聖人同憂，天地不宰，聖人有心也。天地無心而成化，聖人有心而無為。天地聖人之盛德大業，可謂至矣。

「富有」，溥博也。「日新」，無窮也。生生相續，變易而不窮也。乾始物而有象，坤成物而體備，法象著矣。推數可以知來物。通變不窮，事之理也。天下之有，不離乎陰陽。惟神也，莫知其鄉，不測其為剛柔動靜也。[31]

「一陰一陽之謂道」，此理固深，說則無可說。所以陰陽者道，既曰氣，則便是一作有。二。言開闔，已一作便。是感，既二則便有感。所以開闔者道，開闔便是陰陽。老氏言虛而生氣，非也。陰陽開闔，本無先後，不可道今日有陰，明日有陽。如人有形影，蓋形影一時，不可言今日有形，明日有影，有便齊有。[32]

「一陰一陽之謂道」，道非陰陽也，所以一陰一陽道也，如一闔一闢謂之變。[33]

「一陰一陽之謂道」，自然之道也。「繼之者善也」，有道則有

---

[31] 以上三則俱見《二程集（下）·河南程氏經說卷第一·伊川先生語·易說·繫辭》，頁 1029。

[32] 《二程集（上）·河南程氏遺書卷第十五·伊川先生語一·入關語錄》，頁 160。

[33] 《二程集（上）·河南程氏遺書卷第三·二先生語三·謝顯道記憶平日語·伊川先生語》，頁 67。

用，「元者善之長」也。「成之者」卻只是性，「各正性命」者
也。故曰：「仁者見之謂之仁，知者見之謂之知，百姓日用而不
知，故君子之道鮮矣。」如此，則亦無始，亦無終，亦無因甚
有，亦無因甚無，亦無有處有，亦無無處無。[34]

離了陰陽更無道，所以陰陽者是道也。陰陽，氣也。氣是形而下
者，道是形而上者。形而上者則是密也。[35]

鼓舞萬物，不與聖人同憂，此天與人異處。聖人有不能爲天之所
爲處。[36]

「鼓萬物而不與聖人同憂」，聖人有爲之功，天地不宰之功。[37]

且喚做中，若以四方之中爲中，則四邊無中乎？若以中外之中爲
中，則外面無中乎？如「生生之謂易，天地設位而易行乎其
中」，豈可只以今之《易》書爲易乎？中者，且謂之中，不可捉
一箇中來爲中。[38]

「生生之謂易，天地設位而易行乎其中，乾坤毀則無以見易，易
不可見，乾坤或幾乎息矣。」易畢竟是甚？又指而言曰：「聖人

---

[34]《二程集（上）・河南程氏遺書卷第十二・明道先生語二・戌冬見
伯淳先生洛中所聞》，頁135。

[35]《二程集（上）・河南程氏遺書卷第十五・伊川先生語一・入關語
錄》，頁162。

[36]《二程集（上）・河南程氏遺書卷第二上・二先生語二上・元豐己
未呂與叔東見二先生語》，頁22。

[37]《二程集（上）・河南程氏外書卷第八・游氏本拾遺》，頁399。

[38]《二程集（上）・河南程氏遺書卷第十二・明道先生語二・戌冬見
伯淳先生洛中所聞》，頁135。

以此洗心退藏於密」，聖人示人之意至此深且明矣，終無人理會。易也，此也，密也，是甚物？人能至此深思，當自得之。[39]

先生又云：「見王信伯云：昔時問鼓萬物而不與聖人同憂之意於張思叔，思叔對曰：『堯、舜其猶病諸！』後因侍伊川，伊川問：『鼓萬物而不與聖人同憂，如何說？』則對以思叔之語。伊川曰：『不然。天地以無心，故不憂。聖人致有為之事，故憂。』」[40]

「鼓萬物而不與聖人同憂」，天理鼓動萬物如此。聖人循天理而欲萬物同之，所以有憂患。[41]

鼓動萬物，聖人之神知則不可名。[42]

「鼓萬物而不與聖人同憂。」聖人，人也，故不能無憂；天則不為堯存，不為桀亡者也。[43]

或問：「天地何以不與聖人同憂也？」子曰：「天地不宰而成化，聖人有心而無為。」[44]

「日新之謂盛德，生生之謂易，陰陽不測之謂神。」要思而得

[39]《二程集（上）・河南程氏遺書卷第十二・明道先生語二・戌冬見伯淳先生洛中所聞》，頁 136。

[40]《二程集（上）・河南程氏外書卷第十二・傳聞雜記》，頁 440，見呂堅中所記《尹和靖語》。

[41]《二程集（上）・河南程氏遺書卷第五・二先生語五》，頁 78。

[42]《二程集（上）・河南程氏遺書卷第六・二先生語六》，頁 82。

[43]《二程集（上）・河南程氏遺書卷第十一・明道先生語一・師訓》，頁 119。

[44]《二程集（下）・河南程氏粹言卷第二・天地篇》，頁 1228。

之。[45]

或問：「日新者，益進乎？抑謂無弊而已乎？」子曰：「有進意而求益者，必日新。」[46]

「生生之謂易」，生生之用則神也。[47]

「生生之謂易」，是天之所以爲道也。天只是以生爲道，繼此生理者，即是善也。善便有一箇元底意思。「元者善之長」，萬物皆有春意，便是「繼之者善也」。「成之者性也」，成卻待佗萬物自成其一作甚。性須得。[48]

又問：「如此，則禮樂卻只是一事。」曰：「不然。如天地陰陽，其勢高下甚相背，然必相須而爲用也。有陰便有陽，有陽便有陰。有一便有二，纔有一二，便有一二之間，便是三，已往更無窮。老子亦曰：『三生萬物。』此是生生之謂易，理自然如此。」[49]

所以謂萬物一體者，皆有此理，只爲從那裡來。「生生之謂易」，生則一時生，皆完此理。人則能推，物則氣昏，推不得，

[45]《二程集（上）‧河南程氏遺書卷第十一‧明道先生語一‧師訓》，頁 133。
[46]《二程集（下）‧河南程氏粹言卷第一‧論學篇》，頁 1190。
[47]《二程集（上）‧河南程氏遺書卷第十一‧明道先生語一‧師訓》，頁 128。
[48]《二程集（上）‧河南程氏遺書卷第二上‧二先生語二上‧元豐己未呂與叔東見二先生語》，頁 29。
[49]《二程集（上）‧河南程氏遺書卷第十八‧伊川先生語四‧劉元承手編》，頁 225。

不可道他物不與有也。人只爲自私，將自家軀殼上頭起意，故看得道理小了佗底。放這身來，都在萬物中一例看，大小大快活。[50]

《易》曰：「陰陽不測之謂神。」又曰：「神妙萬物而爲言。」觀此，則佛氏所謂鬼神者妄矣。[51]

子曰：惟聖人善通變。[52]

(六)第六章

易道廣大，推遠則無窮，近言則安靜而正。天地之閒，萬物之理，無有不同。乾，「靜也專」，「動也直」。專，專一。直，直易。惟其專直，故其生物之功大。坤，靜翕動闢。坤體動則開，應乾開闢而廣生萬物。「廣大」，天地之功也。「變通」，四時之運也。一陰一陽，日月之行也。乾坤易簡之功，乃至善之德也。[53]

乾，陽一有物字。也，不動則不剛；「其靜也專，專一。其動也直」，直遂。不專一則不能直遂。坤，陰一有物字。也，不靜則不柔；不柔，一作躁。「其靜也翕，翕聚。其動也闢」，發散。不

---

[50]《二程集（上）‧河南程氏遺書卷第二上‧二先生語二上‧元豐己未呂與叔東見二先生語》，頁33-34。

[51]《二程集（上）‧河南程氏文集卷第九‧伊川先生文五‧書啓‧答鮑若雨書並答問》，頁617。

[52]《二程集（下）‧河南程氏粹言卷第二‧人物篇》，頁1272。

[53]《二程集（下）‧河南程氏經說卷第一‧伊川先生語‧易說‧繫辭》，頁1029。

翕聚則不能發散。[54]

惟善變通，便是聖人。[55]

(七)第七章

《易》之道，其至矣乎！聖人以《易》之道崇大其德業也。知則崇高，禮則卑下。高卑順理，合天地之道也。高卑之位設，則《易》在其中矣。斯理也，成之在人則爲性。成之者性也。人心存乎此理之所存，乃「道義之門」也。[56]

問知崇禮卑。曰：「崇的便是知，卑的便是禮。」[57]

「天地設位而易行其中」，何不言人行其中？蓋人亦物也。若言神行乎其中，則人只於鬼神上求矣。若言理言誠亦可也，而特言易者，欲使人默識而自得之也。[58]

「天地設位而易行乎其中」，只是敬也。敬則無間斷，體物而不可遺者，誠敬而已矣，不誠則無物也。《詩》曰：「維天之命，於穆不已，於乎不顯，文王之德之純」，「純亦不已」，純則無間斷。[59]

---

[54]《二程集（上）・河南程氏遺書卷第十一・明道先生語一・師訓》，頁129。

[55]《二程集（上）・河南程氏遺書卷第六・二先生語六》，頁80。

[56]《二程集（下）・河南程氏經說卷第一・伊川先生語・易說・繫辭》，頁1029。

[57]《二程集（上）・河南程氏外書卷第八・游氏本拾遺》，頁398。

[58]《二程集（上）・河南程氏遺書卷第十一・明道先生語一・師訓》，頁118。

[59]《二程集（上）・河南程氏遺書卷第十一・明道先生語一・師訓》，頁118。

天地只是設位，易行乎其中者神也。[60]

「成性存存，道義之門」，亦是萬物各有成性存存，亦是生生不已之意。天只是以生爲道。[61]

「天地設位，而易行乎其中矣」；「乾坤毀，則無以見易」。「易不可見，則乾坤或幾乎息矣」。易是箇甚？易又不只是這一部書，是易之道也。不要將易又是一箇事，即事一作唯，一作只是。盡天理，便是易也。[62]

「成性存存，道義之門」，道無體，義有方也。[63]

「成性存存」，便是「道義之門」。[64]

（八）第八章

「賾」，深遠也。聖人見天下深遠之事，而比擬其形容，體象其事類，故謂之象。天下之動無窮也，必「觀其會通」。會通，綱要也。乃以「行其典禮」。典禮，法度也，物之則也。繫之辭以斷其吉凶者爻也。言天下之深遠難知也，而理之所有，不可厭

[60]《二程集（上）·河南程氏遺書卷第十一·明道先生語一·師訓》，頁121。

[61]《二程集（上）·河南程氏遺書卷第二上·二先生語二上·元豐己未呂與叔東見二先生語》，頁30。

[62]《二程集（上）·河南程氏遺書卷第二上·二先生語二上·元豐己未呂與叔東見二先生語》，頁31。

[63]《二程集（上）·河南程氏遺書卷第十一·明道先生語一·師訓》，頁132。

[64]《二程集（上）·河南程氏遺書卷第十二·明道先生語二·戌冬見伯淳先生洛中所聞》，頁137。

也；言天下之動無窮也，而物有其方，不可紊也。擬度而設其
辭，商議以察其動，「擬議以成其變化」也。變化，爻之時義；
擬議，議而言之也。舉「鳴鶴在陰」以下七爻，擬議而言者也。
餘爻皆然。[65]

語默猶晝夜，晝夜猶生死，生死猶古今。消息。[66]

（九）第九章

有理則有氣，有氣則有數。行鬼神者，數也。數，氣之用也。
「大衍之數五十。」數始於一，備於五。小衍之而成十，大衍之
則爲五十。五十，數之成也。成則不動，故損一以爲用。「天地
之數五十有五」，「成變化而行鬼神」者也。變化言功、鬼神言
用。[67]

自「天一」至「地十」，合在「天數五地數五」上，簡編失其次
也。天一生數，地六成數。才有上五者，便有下五者。二五合而
成陰陽之功，萬物變化，鬼神之用也。[68]

顯明於道，而見其功用之神，故可與應對萬變，可贊祐於神道
矣，謂合德也。人惟順理以成功，乃贊天地之化育也。[69]

---

[65]《二程集（下）‧河南程氏經說卷第一‧伊川先生語‧易說‧繫辭》，頁1030。
[66]《二程集（上）‧河南程氏遺書卷第六‧二先生語六》，頁86。
[67]《二程集（下）‧河南程氏經說卷第一‧伊川先生語‧易說‧繫辭》，頁1030。
[68]《二程集（下）‧河南程氏經說卷第一‧伊川先生語‧易說‧繫辭》，頁1030。
[69] 二程集（下）‧河南程氏經說卷第一‧伊川先生語‧易說‧繫辭》，頁1030。

知變化之道，則知神之所爲也。合與上文相連，不合在下意。[70]

(十)第十章

言所以述理，「以言者尙其辭」，謂於言求理者則存意於辭也。「以動者尙其變」，動則變也，順變而動，乃合道也。制器作事當體乎象，卜筮吉凶當考乎占。「受命如響」，「遂知來物」，非神乎？曰感而通，求而得，精之至也。[71]

聖人之學，以中爲大本。雖堯、舜相授以天下，亦云「允執其中」。中者，無過不及之謂也。何所準則而知過不及乎？求之此心而已。此心之動，出入無時，何從而守之乎？求之於喜怒哀樂未發之際而已。當是時也，此心即赤子之心，純一無僞。即天地之心，神明不測。即孔子之絕四，四者有一物存乎其間，則不得其中。即孟子所謂「物皆然，心爲甚」，心無偏倚，則至明至平，其察物甚於權度之審。即《易》所謂「寂然不動，感而遂通天下之故。」此心所發，純是義理，與天下之所同然，安得不和？大臨前日敢指赤子之心爲中者，其說如此。[72]

「寂然不動，感而遂通」者，天理具備，元無欠少，不無堯存，

---

[70] 王孝魚校記云：「按：此類《繫辭》原文『子曰：知變化之道者，其知神之所爲乎』數句，應與『顯道神德行，是故可與酬酢，可與祐神矣』數句相連，合爲一章。據此，則此數句，似應另成一段，不與下文相連。」，頁 1030。

[71] 《二程集（下）・河南程氏經說卷第一・伊川先生語・易說・繫辭》，頁 1030。

[72] 《二程集（上）・河南程氏文集卷第九・伊川先生文五・書啓・與呂大臨論中書》，頁 608。

不為桀亡。父子君臣，常理不易，何曾動來？因不動，故言「寂然」；雖不動，感便通，感非自外也。[73]

「感而遂通天下之故」，以其寂然不動，小則事物之至，大則無時而不感。[74]

老子曰「無為」，又曰「無為而無不為」。當有為而以無為為之，是乃有為為也。聖人作《易》，未嘗言無為，惟曰「無思也，無為也」，此戒夫作為也；然下即曰「寂然不動，感而遂通天下之故」，是動靜之理，未嘗為一偏之說矣。[75]

「惟神也，故不疾而速，不行而至。」神無速，亦無至，須如此言者，不如是不足以形容故也。[76]

「寂然不動」，萬物森然已具在；「感而遂通」，感則只是自內感。不是外面將一件物來感於此也。[77]

「寂然不動，感而遂通」，此已言人分上事，若論道，則萬理皆具，更不說感與未感。[78]

---

[73] 《二程集（上）・河南程氏遺書卷第二上・二先生語二上・元豐己未呂與叔東見二先生語》，頁43。

[74] 《二程集（上）・河南程氏遺書卷第三・二先生語三・謝顯道記憶平日語・伊川先生語》，頁65。

[75] 《二程集（上）・河南程氏遺書卷第五・二先生語五》，頁76。

[76] 《二程集（上）・河南程氏遺書卷第十一・明道先生語一・師訓》，頁121。

[77] 《二程集（上）・河南程氏遺書卷第十五・伊川先生語一・入關語錄》，頁154。

[78] 《二程集（上）・河南程氏遺書卷第十五・伊川先生語一・入關語錄》，頁160。

子曰：感而遂通，感非自外也。[79]

心所感通者，只是理也。知天下事有即有，無即無，無古今前後。至如夢寐皆無形，只是有此理。若言涉於形聲之類，則是氣也。物生則氣聚，死則散而歸盡。有聲則須是口，既觸則須是身。其質既壞，又安得有此？乃知無此理，便不可信。[80]

凝然不動。便是聖人。[81]

聖人之學，以中爲大本。雖堯、舜相授以天下，亦云「允執其中」。中者，無過不及之謂也。何所準則而知過不及乎？求之此心而已。此心之動，出入無時，何從而守之乎？求之於喜怒哀樂未發之際而已。當是時也，此心即赤子之心，純一無偽。即天地之心，神明不測。即孔子之絕四，四者有一物存乎其間，則不得其中。即孟子所謂「物皆然，心爲甚」，心無偏倚，則至明至平，其察物甚於權度之審。即《易》所謂「寂然不動，感而遂通天下之故」。此心所發，純是義理，與天下之所同然，安得不和？大臨前日敢指赤子之心爲中者，其說如此。[82]

子曰：「心一也，有指體而言者，寂然不動是也；有指用而言者，感而遂通天下之故是也。在人所見何如耳。」[83]

---

[79]《二程集（下）・河南程氏粹言卷第二・心性篇》，頁 1261。

[80]《二程集（上）・河南程氏遺書卷第二下・二先生語二下・附東見錄後》，頁 56。

[81]《二程集（上）・河南程氏遺書卷第六・二先生語六》，頁 84。

[82]《二程集（上）・河南程氏文集卷第九・伊川先生文五・與呂大臨論中書》，頁 608。

[83]《二程集（下）・河南程氏粹言卷第一・論道篇》，頁 1183。

子曰：惟聖人凝然不動。[84]

(十一)第十一章

開物成務，有濟時一作世。之才。[85]

安有識得《易》後，不知退藏於密？密是甚？[86]

子曰：退藏於密者，用之源也。[87]

「退藏於密」，密是用之源，聖人之妙處。[88]

「聖人以此洗心退藏於密」，「聖人以此齊戒，以神明其德夫！」[89]

知不專為藏往，《易》言知來藏往，主蓍卦而言。[90]

「聖人以此齊戒，以神明其德夫！」[91]

---

[84]《二程集（下）・河南程氏粹言卷第二・人物篇》，頁 1272。

[85]《二程集（上）・河南程氏遺書卷第七・二先生語七》，頁 99。

[86]《二程集（上）・河南程氏遺書卷第十五・伊川先生語一・入關語錄》，頁 143。

[87]《二程集（下）・河南程氏粹言卷第二・心性篇》，頁 1261。

[88]《二程集（上）・河南程氏遺書卷第十五・伊川先生語一・入關語錄》，頁 157。

[89]《二程集（上）・河南程氏遺書卷第十一・明道先生語一・師訓》，頁 134。

[90]《二程集（上）・河南程氏遺書卷第十五・伊川先生語一・入關語錄》，頁 144。

[91]《二程集（上）・河南程氏遺書卷第十一・明道先生語一・師訓》，頁 117。

齋戒以神明其德。[92]

易要玩索，「齋戒以神明其德夫」。[93]

聖人齋戒，敬也，以神明其德。惡人齋戒，亦敬也，故可以事上帝。[94]

闔闢便是易，一闔一闢謂之變。[95]

凡物之散，其氣遂盡，無復歸本原之理。天地間如洪鑪，雖生物銷鑠亦盡，況既散之氣，豈有復在？天地造化又焉用此既散之氣？其造化者，自是生氣。至如海水潮，日出則水涸，是潮退也，其涸者已無也，月出則潮水生也，非卻是將已涸之水為潮，此是氣之終始。開闔便是易，「一闔一闢謂之變」。[96]

(十二)第十二章

言貴簡，言愈多，於道未必明。杜元凱卻有此語云：「言高則旨遠，辭約則義微。」大率言語須是含蓄而有餘意，所謂「書不盡言，言不盡意」也。[97]

---

[92]《二程集（上）‧河南程氏遺書卷第六‧二先生語六》，頁84。

[93]《二程集（上）‧河南程氏遺書卷第十一‧明道先生語一‧師訓》，頁132。

[94]《二程集（上）‧河南程氏外書卷第二‧朱公掞問學拾遺》，頁364。

[95]《二程集（上）‧河南程氏外書卷第六‧羅氏本拾遺》，頁378。

[96]《二程集（上）‧河南程氏遺書卷第十五‧伊川先生語一‧入關語錄》，頁163。

[97]《二程集（上）‧河南程氏遺書卷第十八‧伊川先生語四‧劉元承手編》，頁221-222。

子曰：「乾坤毀無以見《易》」，「聖人以此洗心退藏於密。」
夫所謂易也，此也，密也，果何物乎？聖人所以示人者，深且明
矣。學者深思，當自得之。得之，則於退藏之密，奚遠乎？[98]

乾坤古無此二字，作《易》者特立此二字以明難明之道，「乾坤
毀則無以見《易》」，須以意明之。以此形容天地間事。[99]

聖人之道，如《河圖》、《洛書》，其始止於畫上便出義。後之
人既重卦，又繫辭，求之未必得其理。[100]

譬之贊《易》，前後貫穿，都說得是有此道理，然須「默而成
之，不言而信，存乎德行」一再有德行字。處，是所謂自得也。
談禪者雖說得，蓋未之有得。其徒亦有肯道佛卒不可以治天下國
家者，然又須道得本則可以周遍。[101]

經所以載道也，器所以適用也。學經而不知道，治器而不適用，
奚益哉？一本云：「經者載道之器，須明其用。如誦《詩》須達於從
政，能專對也。」[102]

天位乎上，地位乎下，人位乎中。無人則無以見天地。《書》
曰：「惟天地萬物父母，惟人萬物之靈。」《易》曰：「天地設
位，而易行乎其中；乾坤毀，則無以見易。易不可見，則乾坤

---

[98]《二程集（下）‧河南程氏粹言卷第一‧論書篇》，頁 1203。
[99]《二程集（上）‧河南程氏遺書卷第五‧二先生語五》，頁 78。
[100]《二程集（上）‧河南程氏遺書卷第十五‧伊川先生語一‧入關語
　　錄或云：明道先生語》，頁 157。
[101]《二程集（上）‧河南程氏遺書卷第二上‧二先生語二上‧元豐己
　　未呂與叔東見二先生語》，頁 24。
[102]《二程集（上）‧河南程氏遺書卷第六‧二先生語六》，頁 95。

或幾乎息矣。」[103]

「形而上者謂之道，形而下者謂之器。」若如或者以清虛一大爲天道，則一作此。乃以器言而非道也。[104]

〈繫辭〉曰：「形而上者謂之道，形而下者謂之器。」又曰：「立天之道曰陰與陽，立地之道曰柔與剛，立人之道曰仁與義。」又曰：「一陰一陽之謂道。」陰陽亦形而下者也，而曰道者，惟此語截得上下最分明，元來只此是道，要在人默而識之也。[105]

如「形而上者謂之道」，不可移「謂」字在「之」字下，此孔子文章。伯淳。[106]

子曰：子厚以清虛一大名天道，是以器言，非形而上者。[107]

子曰：形而上者，存於洒埽應對之閒，理無小大故也。[108]

子曰：有形皆器也，無形惟道。[109]

---

[103]《二程集（上）‧河南程氏遺書卷第十一‧明道先生語一‧師訓》，頁117。

[104]《二程集（上）‧河南程氏遺書卷第十一‧明道先生語一‧師訓》，頁118。

[105]《二程集（上）‧河南程氏遺書卷第十一‧明道先生語一‧師訓》，頁118。

[106]《二程集（上）‧河南程氏外書卷第二‧朱公掞問學拾遺》，頁361。

[107]《二程集（下）‧河南程氏粹言卷第一‧論道篇》，頁1174。

[108]《二程集（下）‧河南程氏粹言卷第一‧論道篇》，頁1175。

[109]《二程集（下）‧河南程氏粹言卷第一‧論道篇》，頁1178。

子曰：《易》之有象，猶人之守禮法也。[110]

或問：「〈繫辭〉自天道言，《中庸》自人事言，似不同。」
曰：「同。〈繫辭〉雖始從天地陰陽鬼神言之，然卒曰：『默而
成之，不言而信，存乎德行。』《中庸》亦曰：『鬼神之為德，
其盛矣乎！視之而不見，聽之而不聞，體物而不可遺，使天下之
人齊明盛服以承祭祀。洋洋乎如在其上，如在其左右。《詩》
曰：「神之格思，不可度思，矧可射思。」夫微之顯，誠之不
可揜，如此夫！』是豈不同？」[111]
天則不言而信，神則不怒而威。[112]

---

[110]《二程集（下）‧河南程氏粹言卷第一‧論書篇》，頁 1205。
[111]《二程集（上）‧河南程氏遺書卷第十四‧明道先生語四‧亥九月
　　過汝所聞》，頁 141。
[112]《二程集（上）‧河南程氏遺書卷第十一‧明道先生語一‧師
　　訓》，頁 119。

四、繫辭下傳

(一)第一章

天地之道，常垂象以示人，故曰「貞觀」；日月常明而不息，故曰「貞明」。[1]

子曰：天以生爲道。[2]

(二)第二章

「《易》窮則變，變則通，通則久。」[3]

識變知化爲難。古今風氣不同，故器用亦異宜。是以聖人通其變，使民不倦，各隨其時而已矣。後世雖有作者，虞帝爲不可及已。蓋當是時，風氣未開，而虞帝之德又如此，故後世莫可及也。若三代之治，後世決可復。不以三代爲治者，終苟道也。[4]

或問：「制器取諸象也，而象器以爲卦乎？」子曰：「象在乎

[1] 《二程集（上）・河南程氏遺書卷第二上・二先生語二上・元豐己未呂與叔東見二先生語》，頁 20。

[2] 《二程集（下）・河南程粹言卷第一・論道篇》，頁 1175。

[3] 《二程集（上）・河南程氏遺書卷第十一・明道先生語一・師訓》，頁 119。

[4] 《二程集（上）・河南程氏遺書卷第十一・明道先生語一・師訓》，頁 129。

卦，而卦不必先器也。聖人制器，不待見卦而後知象；以眾人由之而不能知之，故設卦以示之耳。」[5]

子曰：天下之事，無一定之理，不進則退，不退則進。時極道窮，理當必變，惟聖人爲能通其變於未窮，使其不至於極。堯、舜，時也。[6]

子曰：物窮而不變，則無不易之理。《易》者，變而不窮也。[7]

服牛乘馬，皆因其性而爲之。胡不乘牛而服馬乎？理之所不可。[8]

(三)第三章

《易》之有象，猶人之守禮法。[9]

(四)第四章

哲人知幾，誠之於思；志士勵行，守之於爲。順理則裕，從欲惟一作爲。危；造次克念，戰兢自持；習與性成，聖賢同歸。[10]

---

[5] 《二程集（下）‧河南程氏粹言卷第一‧論書篇》，頁 1209。

[6] 《二程集（下）‧河南程氏粹言卷第一‧論事篇》，頁 1220。

[7] 《二程集（下）‧河南程氏粹言卷第二‧人物篇》，頁 1266。

[8] 《二程集（上）‧河南程氏遺書卷第十一‧明道先生語一‧師訓》，頁 127。

[9] 《二程集（上）‧河南程氏遺書卷第五‧二先生語五》，頁 79。

[10] 《二程集（上）‧河南程氏文集卷第八‧伊川先生文四‧雜著‧四箴‧動箴》，頁 589。

（五）第五章

二十年前往見伊川，一本作伯淳。伊川曰：「近日事如何？」某
對曰：「天下何思何慮？」伊川曰：「是則是有此理，賢卻發得
太早在。」伊川直是會鍛鍊得人，說了又道，恰好著工夫也。[11]

近取諸身，百理皆具。屈伸往來之義，只於鼻息之間見之。屈伸
往來只是理，不必將既屈之氣，復爲方伸之氣。生生之理，自然
不息。如復言七日來復，其間元不斷續，陽已復生，物極必返，
其理須如此。有生便有死，有始便有終。[12]

「窮神知化」，化之妙者神也。[13]

釋道所見偏，非不窮深極徹也，至窮神知化，則不得與矣。[14]

《易》，聖人所以立道，窮神則無《易》矣。[15]

問：「窮神知化，由通於禮樂，何也？」曰：「此句須自家體
認。一作玩索。人往往見禮壞樂崩，便謂禮樂亡，然不知禮樂未
嘗亡也。如國家一日存時，尚有一日之禮樂，蓋由有上下尊卑之
分也。除是禮樂亡盡，然後國家始亡。雖盜賊至爲不道者，然亦

---

[11] 《二程集（上）‧河南程氏外書卷第十二‧傳聞雜記》，頁 426，
本段出自謝良佐《上蔡語錄》。
[12] 《二程集（上）‧河南程氏遺書卷第十五‧伊川先生語一‧入關語
錄或云：明道先生語》，頁 167。
[13] 《二程集（上）‧河南程氏遺書卷第十一‧明道先生語一‧師
訓》，頁 121。
[14] 《二程集（上）‧河南程氏遺書卷第二十四‧伊川先生語十，鄒德
久本》，頁 314。
[15] 《二程集（上）‧河南程氏遺書卷第五‧二先生語五》，頁 78。

有禮樂。蓋必有總屬，必相聽順，乃能爲盜，不然則叛亂無統，不能一日相聚而爲盜也。禮樂無處無之，學者要須識得。」問：「『明則有禮樂，幽則有鬼神』，何也？」曰：「鬼神只是一箇造化。『天尊地卑，〈乾〉、〈坤〉定矣，鼓之以雷霆，潤之以風雨』，是也。」[16]

絪縕，陰陽之感。[17]

子曰：哲人知幾，誠之於思乎！志士勵行，守之於爲乎！順理則裕，而從欲則危乎！[18]

子曰：理素定，則能見幾而作。不明於理，何幾之能見？[19]

先見則吉可知，不見故致凶。伯淳。[20]

(六)第六章（未見）

(七)第七章

「〈益〉長裕而不設」，謂固有此理而就上充長之，「設」是撰造也，撰造則爲僞也。[21]

---

[16]《二程集（上）・河南程氏遺書卷第十八・伊川先生語四・劉元承手編》，頁 225。

[17]《二程集（上）・河南程氏遺書卷第十五・伊川先生語一・入關語錄》，頁 162。

[18]《二程集（下）・河南程氏粹言卷第二・人物篇》，頁 1266。

[19]《二程集（下）・河南程氏粹言卷第一・論道篇》，頁 1174。

[20]《二程集（上）・河南程氏外書卷第二・朱公掞問學拾遺》，頁 364。

[21]《二程集（上）・河南程氏遺書卷第十七・伊川先生語三》，頁 177。

「巽以行權」，義理所順處所以行權。伯淳。[22]

(八)第八章（未見）

(九)第九章（未見）

(十)第十章（未見）

(十一)第十一章（未見）

(十二)第十二章

然而唯人氣最清，可以輔相裁成，「天地設位，聖人成能」，直行乎天地之中，所以爲三才。天地本一物，地亦天也。只是人爲天地心，是心之動，則分了天爲上，地爲下，兼三才而兩之，故六也。[23]

《易》因爻象論變化，因變化論神，因神論人，因人論德行，大體通論《易》道，而終於「默而成之，不言而信，存乎德行。」[24]

《易》爻應則有時而應，又遠近相取[25]而悔吝生。[26]

---

[22]《二程集（上）‧河南程氏外書卷第二‧朱公掞問學拾遺》，頁364。

[23]《二程集（上）‧河南程氏遺書卷第二下‧二先生語二下‧附東見錄後》，頁54。

[24]《二程集（上）‧河南程氏外書卷第十‧大全集拾遺》，頁404。

[25]王孝魚校記云：「呂本、徐本『取』作『感』。」，頁92。

[26]《二程集（上）‧河南程氏遺書卷第六‧二先生語六》，頁92。

五、說卦傳

（僅見第一、第二、第六章，其餘諸章未見）

（一）第一章

孟子言堯、舜性之，舜由仁義行，豈不是尋常說話？至於
《易》，只道箇「立人之道曰仁與義」則和性字由字，也不消
道，自已分明。陰陽、剛柔、仁義，只是此一箇道理。[1]

昔者聖人「立人之道曰仁曰義。」孔子曰：「仁者人也，親親爲
大；義者宜也，尊賢爲大。」唯能親親，故「老吾老以及人之
老，幼吾幼以及人之幼」；唯能尊賢，故「賢者在位，能者在
職」。唯仁與義，盡人之道；盡人之道，則謂之聖人。[2]

「立人之道曰仁與義。」據今日，合人道廢則是。今尙不廢者，
猶只是有那些秉彝，卒殄滅不得。以此思之，天壞閒可謂孤立，
其將誰告耶？[3]

---

[1] 《二程集（上）‧河南程氏遺書卷第一‧二先生語一‧端伯傳師
說》，頁6。

[2] 《二程集（上）‧河南程氏遺書卷第二十五‧伊川先生語十一‧暢
潛道錄》，頁326。

[3] 《二程集（上）‧河南程氏遺書卷第二上‧二先生語二上‧元豐己
未呂與叔東見二先生語》，頁25。

「窮理盡性以至於命」，一物也。[4]

「和順於道德而理於義」者，體用也。[5]

「幽贊於神明而生蓍」，用蓍以求卦，非謂有蓍而後畫卦。伯淳。[6]

二程解「窮理盡性以至於命」：「只窮理便是至於命。」子厚謂：「亦是失於太快，此義儘有次序。須是窮理，便能盡得己之性，則推類又盡人之性；既盡得人之性，須是并萬物之性一齊盡得，如此然後至於天道也。其間煞有事，豈有當下理會了？學者須是窮理爲先，如此則方有學。今言知命與至於命，儘有近遠，豈可以知便謂之至也？」[7]

「窮理盡性」矣，曰「以至於命」，則全無著力處。如「成於樂」，「樂則生矣」之意同。[8]

物則一作即。事也，凡事上窮極其理，則無不通。[9]

---

[4] 《二程集（上）・河南程氏遺書卷第十一・明道先生語一・師訓》，頁121。

[5] 《二程集（上）・河南程氏遺書卷第十一・明道先生語一・師訓》，頁127。

[6] 《二程集（上）・河南程氏外書卷第二・朱公掞問學拾遺》，頁364。

[7] 《二程集（上）・河南程氏遺書卷第十・二先生語十・洛陽議論》，頁115。

[8] 《二程集（上）・明道先生語二・戌冬見伯淳先生洛中所聞》，頁136。

[9] 《二程集（上）・河南程氏遺書卷第十五・伊川先生語一・入關語錄或云：明道先生語》，頁143。

理也，性也，命也，三者未嘗有異。窮理則盡性，盡性則知天命矣。天命猶天道也，以其用而言之則謂之命，命者造化之謂也。[10]

窮理，盡性，至命，一事也。纔窮理便盡性，盡性便至命。因指柱曰：「此木可以為柱，理也；其曲直者，性也；其所以曲直者，命也。理，性，命，一而已。」[11]

或問：「理義何以異？」子曰：「在物為理，處物為義。」[12]

(二)第二章

「立天之道曰陰與陽，立地之道曰柔與剛，立人之道謂仁與義，兼三才一之也。而兩之。」 不兩則無用。[13]

棣問：「福善禍淫如何？」曰：「此自然之理，善則有福，淫則有禍。」又問：「天道如何？」曰：「只是理，理便是天道也。且如說皇天震怒，終不是有人在上震怒？只是理如此。」又問：「今人善惡之報如何？」曰：「幸不幸也。」[14]

---

[10]《二程集（上）・河南程氏遺書卷第二十一下・伊川先生語七下・附師說後》，頁274。

[11]《二程集（上）・河南程氏外書卷第十一・時氏本拾遺》，頁410。

[12]《二程集（下）・河南程氏粹言卷第一・論道篇》，頁1175。

[13]《二程集（上）・河南程氏遺書卷第十一・明道先生語一・師訓》，頁118。

[14]《二程集（上）・河南程氏遺書卷第二十二上・伊川先生語八上・伊川雜錄》，頁290。

子曰：昔聖人謂「立人之道曰仁與義。」「仁者人也，親親爲大。」唯能親親，故自吾老幼以及人之老幼。「義者宜也，尊賢爲大。」唯能尊賢，故賢者在位，能者在職。仁義，盡人之道矣。[15]

言天之自然者，謂之天道。言天之付與萬物者，謂之天命。[16]

（三）第六章

神也者，妙萬物而爲言，若上竿弄瓶，至於斲輪，誠至則不可得而知。上竿初習數尺，而後至於百尺，習化其高，矧聖人誠至之事，豈可得而知？伯淳。[17]

---

[15]《二程集（下）‧河南程氏粹言卷第一‧論道篇》，頁 1178。

[16]《二程集（上）‧河南程氏遺書卷第十一‧明道先生語一‧師訓》，頁 125。

[17]《二程集（上）‧河南程氏外書卷第一‧朱公掞錄拾遺》，頁 352。

六、序卦傳

〈序卦〉非《易》之蘊，此不合道。韓康伯注。[1]

---

[1] 《二程集（上）‧河南程氏遺書卷第六‧二先生語六》，頁89。

七、雜卦傳

（未見）

八、其　他

(一)易序

《易》之為書，卦爻彖象之義備，而天地萬物之情見。聖人之憂天下來世，其至矣：先天下而開其物，後天下而成其務。是故極其數以定天下之象，著其象以定天下之吉凶。六十四卦，三百八十四爻，皆所以順性命之理，盡變化之道也。

散之在理，則有萬殊；統之在道，則無二致。所以「《易》有太極，是生兩儀。」太極者道也，兩儀者陰陽也。陰陽，一道也。太極，無極也。萬物之生，負陰而抱陽，莫不有太極，莫不有兩儀，絪縕交感，變化不窮。形一受其生，神一發其智，情偽出焉，萬緒起焉。

《易》，所以定吉凶而生大業。故《易》者陰陽之道也，卦者陰陽之物也，爻者陰陽之動也。卦雖不同，所同者奇耦，爻雖不同，所同者九六。是以六十四卦為其體，三百八十四爻互為其用。遠在六合之外，近在一身之中，暫於瞬息，微於動靜，莫不有卦之象焉，莫不有爻之義焉。

至哉《易》乎！其道至大而無不包，其用至神而無不存。時固未始有一，而卦亦未始有定象；事固未始有窮，而爻亦未始有定位。以一時而索卦，則拘於無變，非《易》也。以一事而明爻，

則窒而不通，非《易》也。知所謂卦爻象象之義，而不知有卦爻象象之用，亦非《易》也。故得之於精神之運，心術之動，與天地合其德，與日月合其明，與四時合其序，與鬼神合其吉凶，然後可以謂之知《易》也。

雖然，《易》之有卦，《易》之已形者也，卦之有爻，卦之已見者也。已形已見者可以言知，未形未見者不可以名求。則所謂《易》者，果何如哉？此學者所當知也。[1]

（二）上下篇義 [2]

〈乾〉、〈坤〉，天地之道，陰陽之本，故為上篇之首；〈坎〉、〈離〉，陰陽之成質，故為上篇之終。〈咸〉、〈恆〉，夫婦之道，生育之本，故為下篇之首；〈未濟〉，〈坎〉、〈離〉之合，〈既濟〉，〈坎〉、〈離〉之交；合而交則生物，陰陽之成功也，故為下篇之終。二篇之卦既分，而後推其義以為之次[3]，〈序卦〉是也。

卦之分則以陰陽。陽盛者居上，陰盛者居下。所謂盛者，或以卦，或以爻。卦與爻取義有不同。如〈剝〉：以卦言，則陰長陽剝也；以爻言，則陽極於上，又一陽為眾陰主也。如〈大壯〉：以卦言，則陽長而壯；以爻言，則陰盛於上，用各於其所，不相害也。

---

[1] 《二程集（上）・河南程氏文集・遺文・易序》，頁 667-668。

[2] 王孝魚校記云：「徐本題目作『易上下篇義』。」，頁 692。

[3] 王孝魚校記云：「宋本『以為之次』作『而為之次』。」，頁 692。

〈乾〉，父也，莫亢焉；〈坤〉，母也，非〈乾〉無與爲一無為字。敵也。故卦有〈乾〉者居上篇，有〈坤〉者居下篇。而〈復〉陽生，〈臨〉陽長，〈觀〉陽盛，〈剝〉陽極，則雖有〈坤〉而居上；〈姤〉陰生，〈遯〉陰長，〈大壯〉陰盛，〈夬〉陰極，則雖有〈乾〉而居下。

其餘有〈乾〉者皆在上篇，〈泰〉、〈否〉、〈需〉、〈訟〉、〈小畜〉、〈履〉、〈同人〉、〈大有〉、〈无妄〉、〈大畜〉也。有〈坤〉而在上篇，皆一陽之卦也。卦五陰而一陽，則一陽爲之主，故一陽之卦皆在上篇，〈師〉、〈謙〉、〈豫〉、〈比〉、〈復〉、〈剝〉也。

其餘有〈坤〉者皆在下篇，〈晉〉、〈明夷〉、〈萃〉、〈升〉也。卦一陰五陽者，皆有〈乾〉也，又陽衆而盛也，雖衆陽說於一陰，說之而已，非如一陽爲衆陰主也。王弼云「一陰爲之主」，非也。故一陰之卦皆在上篇，〈小畜〉、〈履〉、〈同人〉、〈大有〉也。

卦二陽者，有〈坤〉則居下篇，〈小過〉雖無〈坤〉、陰過之卦也，亦在下篇。其餘二陽之卦，皆一陽生於下而達於上，又二體皆陽，陽之盛也，皆在上篇，〈屯〉、〈蒙〉、〈頤〉、〈習坎〉也。陽生於下，謂〈震〉、〈坎〉在下。〈震〉，生於下也。〈坎〉，始於中也。達於上，謂一陽至一作在。上，或得正位也。生於下而上一作陽[4]。達，陽暢之盛也[5]。陽生於下而不達於上，又陰衆而陽寡，復失正位，陽之弱也，〈震〉也，〈解〉

---

[4] 王孝魚校記云：「徐本『陽』作『暢』。」，頁693。
[5] 王孝魚校記云：「徐本此句作『陽之暢盛也』。」，頁693。

也。上有陽而下無陽，無本也，〈艮〉也，〈蹇〉也。〈震〉、〈坎〉、〈艮〉，以卦言則陽也，以爻言則皆始變，微也。而〈震〉之上〈艮〉之下無陽，〈坎〉則陽陷，皆非盛也。唯〈習坎〉則陽上達矣，故爲盛卦。

二陰者，有〈乾〉則陽盛可知，〈需〉、〈訟〉、〈大畜〉、〈无妄〉也；無〈乾〉而爲盛者，〈大過〉也，〈離〉也。〈大過〉陽一有過字。盛於中，上下之陰弱矣。陽居上下，則綱紀於陰，〈頤〉是也。陰居上下，不能主制於陽而反弱也；必上下各二陰，中唯兩陽，然後爲勝，〈小過〉是也。〈大過〉、〈小過〉之名可見也[6]。〈離〉則二體上下皆陽，陰實麗焉，陽之盛也。其餘二陰之卦，二體俱陰，陰盛也，皆在下篇，〈家人〉、〈睽〉、〈革〉、〈鼎〉、〈巽〉、〈兌〉、〈中孚〉也。

卦三陰三陽者敵也，則以義爲勝。陰陽尊卑之義，男女長少之序，天地之大經也。陽少於陰而居上，則爲勝。〈蠱〉，少陽居長陰上；〈賁〉，少男在中女上，皆陽盛也。〈坎〉雖陽卦，而陽爲陰所陷，弱[7]也，又與陰卦重，陰盛也。故陰陽敵而有〈坎〉者，皆在下篇，〈困〉、〈井〉、〈渙〉、〈節〉、〈既濟〉、〈未濟〉也。

或曰：一體有〈坎〉，尙爲陽陷，二體皆〈坎〉，反爲陽盛，何也？曰：一體有〈坎〉，陽爲陰所陷，又重於陰也；二體皆〈坎〉，陽生於下而達於上，又二體皆陽，可謂盛矣。

---

[6] 王孝魚校記云：「徐本『也』作『矣』。」，頁 693。

[7] 王孝魚校記云：「宋本、呂本『弱』作『溺』，屬上爲句。」，頁 694。

男在女上，乃理之常，未爲盛也。若失正位而陰反居尊，則弱也。故〈恆〉、〈損〉、〈歸妹〉、〈豐〉皆在下篇。女在男上，陰之勝也。凡女居上者，皆在下篇，〈咸〉、〈益〉、〈漸〉、〈旅〉、〈困〉、〈渙〉、〈未濟〉也。唯〈隨〉與〈噬嗑〉，則男下女，非女勝男也。故〈隨〉之〈彖〉曰：「剛來而下柔。」〈噬嗑〉〈彖〉曰：「柔得中而上行。」長陽非少陰可敵，以長男下中少女，故爲下之。若長少敵，勢力侔，則陰在上爲陵，陽在下爲弱，〈咸〉、〈益〉之類是也。〈咸〉亦有下女之象，非以長下少也，乃二少相感—作感說。以相與，所以致陵也，故有利貞之誡。〈困〉雖女少於男，乃陽陷而爲陰揜，無相下之義也。

〈小過〉，二陽居四陰之中，則爲陰盛；〈中孚〉，二陰居四陽之中，而不爲陽盛，何也？曰：陽體實，〈中孚〉中虛也。然則〈頤〉中四陰不爲虛乎？曰：〈頤〉二體皆陽卦，而本末皆陽，盛之至也。〈中孚〉二體皆陰卦，上下各二陽，不成本末之象，以其中虛，故爲〈中孚〉，陰盛可知矣[8]。[9]

(三) 易說・繫辭（全篇）[10]

「天尊，地卑。」尊卑之位定，而乾坤之義明矣。高卑既別，貴賤之位分矣。陽動陰靜，各有其常，則剛柔判矣。事有理，一本

---

[8] 王孝魚校記云：「徐本『矣』作『也』。」，頁 694。
[9] 《二程集（上）・河南程氏文集・遺文・上下篇義》，頁 692–694。
[10] 《二程集（下）・河南程氏經說卷第一・伊川先生語・易說・繫辭》，頁 1027–1031。天按：本單元已分別就其內容，另裁篇別出互見於本書第三章〈繫辭上傳〉的各章中。

作萬事理也。物有形也。事則有類，形則有群，善惡分而吉凶生矣。象見於天，形成於地，變化之跡見矣。陰陽之交相摩軋，八方之氣相推盪，雷霆以動之，風雨以潤之，日月運行，寒暑相推，而成造化之功。得乾者成男，得坤者成女。乾當始物，坤當成物。乾坤之道，易簡而已。乾始物之道易，坤成物之能簡。平易，故人易知；簡直，故人易從。易知則可親就而奉順，易從則可取法而成功。親合則可以常久，成事則可以廣大。聖賢德業久大，得易簡之道也。天下之理，易簡而已。有理而後有象，「成位乎其中」也。

聖人既設卦，觀卦之象而繫之以辭，明其吉凶之理：以剛柔相推而知變化之道。吉凶之生，由失得也。悔吝者，可憂虞也。進退消長，所以成變化也。剛柔相易而成晝夜，觀晝夜，則知剛柔之道矣。三極，上中下也。極，中也，皆其時中也。三才，以物言也。三極，以位言也。六爻之動，以位爲義，乃其序也；得其序則安矣。辭所以明義，玩其辭義，則知其可樂也。觀象玩辭而能通其意，觀變玩占而能順其時，動不違於天矣。

象言卦之象，爻隨時之變，因失得而有吉凶。能如是，則得无咎。位有貴賤之分，卦兼小大之義。吉凶之道，於辭可見。以悔吝爲防，則存意於微小。震懼而得无咎者，以能悔也。卦有小大，於時之中有小大也。有小大則辭之險易殊矣，辭各隨其事也。

聖人作易，以準則天地之道。《易》之義，天地之道也，「故能彌綸天地之道」。彌，徧也。綸，理也。在事爲倫，治絲爲綸。彌綸，徧理也。徧理天地之道，而復仰觀天文，俯察地理，驗之

著見之跡，故能「知幽明之故」。在理爲幽，成象爲明。「知幽明之故」，知理與物之所以然也。原，究其始；要，考其終；則可以見死生之理。聚爲精氣，散爲游魂。聚則爲物，散則爲變。觀聚散，則見「鬼神之情狀」。萬物始終，聚散而已。鬼神，造化之功也。以幽明之故，死生之理，鬼神之情狀觀之，則可以見「天地之道」。

《易》之義，與天地之道相似，故無差違，相似，謂同也。「智周乎萬物而道濟天下，故不過。」義之所包，知也。其義周盡萬物之理，其道足以濟天下，故無過差。「旁行而不流」，旁通遠及而不流失正理。順乎理，「樂天」也。安其分，「知命」也。順理安分故無所憂。「安土」，安所止也；「敦乎仁」，存乎同也；是以「能愛」。

「範圍」，俗語謂之模量。模量天地之運化而不過差，委曲成就萬物之理而無遺失，通晝夜闔闢屈伸之道而知其所以然。如此，則得天地之妙用，知道德之本源；所以見至神之妙，無有方所，而易之準道，無有形體。

道者，一陰一陽也。動靜無端，陰陽無始。非知道者，孰能識之？動靜相因而成變化，順繼此道，則爲善也；成之在人，則謂之性也。在衆人，則不能識。隨其所知，故仁者謂之仁，知者謂之知，百姓則由之而不知。故君子之道，人鮮克知也。

運行之跡，生育之功，「顯諸仁」也。神妙無方，變化無跡，「藏諸用」也。天地不與聖人同憂，天地不宰，聖人有心也。天地無心而成化，聖人有心而無爲。天地聖人之盛德大業，可謂至矣。

「富有」，溥博也。「日新」，無窮也。生生相續，變易而不窮也。乾始物而有象，坤成物而體備，法象著矣。推數可以知來物。通變不窮，事之理也。天下之有，不離乎陰陽。惟神也，莫知其鄉，不測其爲剛柔動靜也。

易道廣大，推遠則無窮，近言則安靜而正。天地之間，萬物之理，無有不同。乾，「靜也專」，「動也直」。專，專一。直，直易。惟其專直，故其生物之功大。坤，靜翕動闢。坤體動則開，應乾開闢而廣生萬物。「廣大」，天地之功也。「變通」，四時之運也。一陰一陽，日月之行也。乾坤易簡之功，乃至善之德也。

《易》之道，其至矣乎！聖人以《易》之道崇大其德業也。知則崇高，禮則卑下。高卑順理，合天地之道也。高卑之位設，則《易》在其中矣。斯理也，成之在人則爲性。成之者性也。人心存乎此理之所存，乃「道義之門」也。

「賾」，深遠也。聖人見天下深遠之事，而比擬其形容，體象其事類，故謂之象。天下之動無窮也，必「觀其會通」。會通，綱要也。乃以「行其典禮」。典禮，法度也，物之則也。繫之辭以斷其吉凶者爻也。言天下之深遠難知也，而理之所有，不可厭也；言天下之動無窮也，而物有其方，不可紊也。擬度而設其辭，商議以察其動，「擬議以成其變化」也。變化，爻之時義；擬議，議而言之也。舉「鳴鶴在陰」以下七爻，擬議而言者也。餘爻皆然。

有理則有氣，有氣則有數。行鬼神者，數也。數，氣之用也。「大衍之數五十。」數始於一，備於五。小衍之而成十，大衍之

則爲五十。五十，數之成也。成則不動，故損一以爲用。「天地之數五十有五」，「成變化而行鬼神」者也。變化言功，鬼神言用。

顯明於道，而見其功用之神，故可與應對萬變，可贊祐於神道矣，謂合德也。人惟順理以成功，乃贊天地之化育也。

知變化之道，則知神之所爲也。合與上文相連，不合在下章。[11]

言所以述理，「以言者尙其辭」，謂於言求理者則存意於辭也。「以動者尙其變」，動則變也，順變而動，乃合道也。制器作事當體乎象，卜筮吉凶當考乎占。「受命如響」，「遂知來物」，非神乎？曰感而通，求而得，精之至也。

自「天一」至「地十」，合在「天數五地數五」上，簡編失其次也。天一生數，地六成數。才有上五者，便有下五者。二五合而成陰陽之功，萬物變化，鬼神之用也。

或曰：乾坤《易》之門，其義難知，餘卦則易知也。曰：乾坤，天地也，萬物烏有出天地之外者乎？知道者統之有宗則然也，而在卦觀之，乾坤之道簡易，故其辭平直，餘卦隨時應變，取舍無常，至爲難知也。知乾坤之道者，以爲易則可也。

---

[11] 王孝魚校記云：「按：此謂《繫辭》原文『子曰：知變化之道者，其知神之所為乎』數句，應與『顯道神德行，是故可與酬酢，可與祐神矣』數句相連，合為一章。據此，則此數句，似應另成一段，不與下文相連。」，頁1030。

九、附　錄

附錄一：程明道先生墓表 [1]

　　先生名顥，字伯淳，葬於伊川。潞國太師題其墓，曰「明道先生」。弟頤序其所以而刻之石曰：周公沒，聖人之道不行；孟軻死，聖人之學不傳。道不行，百世無善治；學不傳，千載無眞儒。無善治，士猶得以明夫善治之道，以淑諸人，以傳諸後；無眞儒，天下貿貿焉莫知所之，人欲肆而天理滅矣。先生生千四百年之後，得不傳之學於遺經，志將以斯道覺斯民。天不憗遺，哲人早世。鄉人士大夫相與議曰：道之不明也久矣。先生出，倡 [2] 聖學以示人，辨異端，闢邪說，開歷古之沉迷，聖人之道得先生而後 [3] 明，為功大矣。於是帝師採眾議而為之稱以表其墓。學者之於道，知所嚮，然後知斯人之為功；知所至，然後見斯名之稱情。山可夷，谷可湮，明道之名亙萬世而常存；勒石墓傍，以詔後人。元豐乙丑十月戊子書。

---

[1] 宋太師致仕潞國公文彥博題。《二程集（上）‧河南程氏文集卷第十一‧明道先生墓表》，頁 639–640。

[2] 徐本、呂本「倡」作「揭」。

[3] 徐本、呂本「後」作「復」。

附錄二：伊川先生年譜[1]

先生名頤，字正叔，明道先生之弟也。（明道生於明道元年壬申，伊川生於明道二年癸酉）幼有高識，非禮不動。（見《語錄》。）年十四五，與明道同受學於舂陵周茂叔先生。（見哲宗、徽宗《實錄》。）皇祐二年，年十八，上書闕下，勸仁宗以王道爲心，生靈爲念，黜世俗之論，期非常之功，且乞召對，而陳所學。不報，閒游太學。時海陵胡翼之先生方主教導，嘗以〈顏子所好何學論〉試諸生。得先生所試，大驚，即延見，處以學職。（見《文集》。）呂希哲原明與先生鄰齋，首以師禮事焉。既而四方之士，從游者日益衆。（見《呂氏童蒙訓》。）舉進士，嘉祐四年廷試報罷，遂不復試。太中公屢當得任子恩，輒推與族人。（見《涪陵記善錄》）治平、熙寧閒，近臣屢薦，自以爲學不足，不願仕也。（見《文集》。又按〈呂申公家傳〉云：「公判太學，命衆博士即先生之居，敦請為太學正。先生固辭，公即命駕過之。」又《雜記》：「治平三年九月，公知蔡州，將行，言曰：『伏見南省進士程頤，年三十四，有特立之操，出群之姿。嘉祐四年，已與殿試，自後絕意進取，往來太學，諸生願得以為師。臣方領國子監，親往敦請，卒不能屈。臣嘗與之語，洞明經術，通古今治亂之要，實有經世濟物之才，非同拘士曲儒，徒有偏長。使在朝廷，必為國器。伏望特以不次旌用。』」〈明道行狀〉云：「神宗嘗使推擇人材，先生所薦數十人，以父表弟張載暨弟頤為稱首。」）

元豐八年，哲宗嗣位。門下侍郎司馬公光，尚書左丞呂公公

---

[1] 朱熹著。《二程集（上）・河南程氏遺書・附錄・伊川先生年譜》，頁338–346。

著，及西京留守韓公絳，上其行義於朝。（見哲宗、徽宗《實錄》。按：《溫公集》與呂申公同薦劄子曰：「臣等竊見河南處士程頤，力學好古，安貧守節，言必忠信，動遵禮義，年逾五十，不求仕進，眞儒者之高蹈，聖世之逸民。伏望特加召命，擢以不次，足以矜式士類，裨益風化。」又按：《胡文定公文集》云：「是時諫官朱光庭又言，頤道德純備，學問淵博，材資勁正，有中立不倚之風；識慮明徹，至知幾其神之妙；言行相顧而無擇，仁義在躬而不矜。若用斯人，俾當勸講，必能輔養聖德，啓道天聰，一正君心，為天下福。」又謂「頤究先王之蘊，達當世之務，乃天民之先覺，聖代之眞儒。俾之日侍經筵，足以發揚聖訓；兼掌學校，足以丕變斯文。」又論「祖宗時起陳摶、种放，高風素節，聞於天下。揆頤之賢，摶、放未必能過之。頤之道，則有摶、放所不及知者。觀其所學，眞得聖人之傳，致思力行，非一日之積，有經天緯地之才，有制禮作樂之具。乞訪問其至言正論，所以平治天下之道。」又謂「頤，以言乎道，則貫徹三才而無一毫之或間；以言乎德，則并包衆美而無一善之或遺；以言乎學，則博通古今而無一物之不知；以言乎才，則開物成務而無一理之不總。是以聖人之道，至此而傳。況當天子進學之初，若俾眞儒得專經席，豈不盛哉！」）十一月丁巳，授汝州團練推官，西京國子監敎授。（見《實錄》。）先生再辭，尋召赴闕。

元祐元年三月，至京師。（王巖叟奏云：「伏見程頤；學極聖人之精微，行全君子之純粹，早與其兄顥，俱以德名顯於時。陛下復起頤而用之，頤趣召以來，待詔闕下，四方俊乂，莫不翹首向風，以觀朝廷所以待之者如何，處之者當否，而將議焉。則陛下此舉，繫天下之心。臣願陛下加所以待之之禮，擇所以處之之方，而使高賢得為陛下盡其用，則所得不獨頤一人而已，四海潛光隱德之士，皆將相招而為朝廷出矣。」）除宣德郎，秘書省校書郎。先生辭曰：「祖宗[2]時，布衣被召，自有

---

[2] 王孝魚校記云：「呂本、徐本『祖宗』作『神宗』。」，頁339。

故事。今臣未得入見，未敢祗命。」（王巖叟奏云：「臣伏聞聖恩特除程頤京官，仍與校書郎，足以見陛下優禮高賢，而使天下之人歸心於盛德也。然臣區區之誠，尚有以為陛下言者。願陛下一召見之，試以一言，問為國之要，陛下至明，遂可自觀其人。臣以頤抱道養德之日久，而潛神積慮之功深，靜而閱天下之義理者多，必有嘉言以新聖聽，此臣所以區區而進頤。然非為頤也，欲成陛下之美耳。陛下一見而後命之以官，則頤當之而無愧，陛下與之而不悔，授受之間，兩得之矣。」）於是召對。太皇太后面喻，將以為崇政殿說書。先生辭不獲，始受西監之命。且上奏，論經筵三事：其一，以上富於春秋，輔養為急，宜選賢德，以備講官，因使陪侍宿直，陳說道義，所以涵養氣質，薰陶德性。其二，請上左右內侍宮人，皆選老成厚重之人，不使侈靡之物、淺俗之言，接於耳目，仍置經筵祗應內臣十人，使伺上在宮中動息，以語講官，其或小有違失，得以隨事規諫。其三，請令講官坐講，以養人主尊儒重道之心，寅畏祗懼之德。而曰：「若言可行，敢不就職如不可用，願聽其辭。」（劄子三道，見《文集》。又按《劉忠肅公文集》有章疏論先生辭卑居尊，未被命而先論事為非是，蓋不知先生出處語默之際，其義固已精矣。）既而命下，以通直郎充崇政殿說書。（見《實錄》。）先生再辭而後受命。

四月，例以暑熱罷講。先生奏言：「言輔導少主，不宜疏略如此。乞令講官以六參日上殿問起居，因得從容納誨，以輔上德。」（見《文集》。）五月，差同孫覺、顧臨及國子監長貳，看詳國子監條制。（見《實錄》。）先生所定，大概以為學校禮義相先之地，而月使之爭，殊非教養之道，請改試為課，有所未至，則學官召而教之，更不考定高下；制尊賢堂，以延天下道德之士；鐫解額，以去利誘；省繁文，以專委任；勵行檢，以厚風

敎；及置待賓吏師齋，立觀光法，如是者亦數十條。（見《文集》。舊《實錄》云：「禮部書胡宗愈謂先帝聚士以學，敎人以經，三舍科條固已精密，宜一切仍舊，因是深詆先生謂不宜使在朝廷。」）

　　六月，上疏太皇太后，言今日至大至急，爲宗社生靈長久之計，惟是輔養上德；而輔養之道，非徒涉書史，覽古今而已，要使蹕步不離正人，可以涵養薰陶，成就聖德。今間日一講，解釋數行，爲益旣少。又自四月罷講，直至中秋，不接儒臣，殆非古人旦夕承弼之意。請俟初秋，即令講官輪日入侍，陳說義理；仍選臣僚家十一二歲子弟三人，侍上習業。且以邇英迫隘暑熱，恐於上體非宜，而講日宰臣史官皆入，使上不得舒泰悅懌；請自今，一月再講於崇政殿，然後宰臣史官入侍，餘日講於延和殿，則後楹垂簾，而太皇太后時一臨之。不惟省察主上進業，其於后德，未必無補，且使講官欲有所言，易以上達，所繫尤大。又講讀官例兼他職，請亦罷之，使得積誠意以感上心。皆不報。

　　八月，差兼判登聞鼓院。先生引前說，且言入談道德，出領訴訟，非用人之體，再辭不受。（見《文集》。楊時曰：「事道與祿仕不同。常夷甫以布衣入朝，神宗欲優其祿，令兼數局，如鼓院染院之類，夷甫一切受之。及伊川先生為講官，朝廷亦欲使兼他職，則固辭。蓋前日所以不仕者為道也，則今日之仕，須其官足以行道乃可受，不然是苟祿也。然後世道學不明，君子辭受取舍，人鮮知之。故常公之受，人不以為非，而先生之辭，人亦不以為是也。」）

　　二年，又上疏論廷和講讀垂簾事，且乞時召講官至簾前，問上進學次第。又奏邇英暑熱，乞就崇政、延和殿，或他寬涼處講讀。給事中顧臨以殿上講讀爲不可，有旨修展邇英閣。先生復上疏，以爲修展邇英，則臣所請遂矣。然祖宗以來，並是殿上坐

講，自仁宗始就邇英，而講官立侍，蓋從一時之便耳，非若臨之意也。今臨之意，不過以尊君為說，而不知尊君之道。若以其言為是，則誤主上知見。臣職當輔導，不得不辨。

先生在經筵，每當進講，必宿齋豫戒，潛思存誠，冀以感動上意；（見《文集》。）而其為說，常於文義之外，反復推明，歸之人主。一日當講「顏子不改其樂」章。門人或疑此章非有人君事也，將何以為說，及講，既畢文義，乃復言曰：「陋巷之士，仁義在躬，忘其貧賤。人主崇高，奉養備極，苟不知學，安能不為富貴所移？且顏子，王佐之才也，而簞食瓢飲；季氏，魯國之蠹也，而富於周公。魯君用捨如此，非後世之監乎？」聞者歎服，（見胡氏《論語詳說》。）而哲宗亦嘗首肯之。（見《文集》。）不知者或誚其委曲已甚。先生曰：「不於此盡心竭力，而於何所乎？」上或服藥，即日就醫官問起居，（見《語錄》。）然入侍之際，容貌極莊。時文潞公以太師平章重事，或侍立終日不懈，上雖諭以少休，不去也。人或以問先生曰：「君之嚴，視潞公之恭，孰為得失？」先生曰：「潞公四朝大臣，事幼主，不得不恭。吾以布衣職輔導，亦不敢不自重也。」（見《邵氏見聞錄》）嘗聞上在宮中起行漱水，必避螻蟻。因請之曰：「有是乎？」上曰：「然，誠恐傷之爾。」先生曰：「願陛下推此心以及四海，則天下幸甚。」（見《語錄》。）

一日，講罷未退，上忽起憑檻，戲折柳枝。先生進曰：「方春發生，不可無故摧折。」上不悅。（見馬永卿所編《劉諫議語錄》。且云：「溫公聞之亦不悅。」或云：「恐無此事。」）所講書有容字，中人以黃覆之，曰：「上藩邸嫌名也。」先生講罷，進言曰：「人主之勢，不患不尊，患臣下尊之過甚而驕心生爾。此皆

近習輩養成之，不可以不戒。請自今舊名嫌名皆勿復避。」（見《語錄》。）時神宗之喪未除，而百官以多至表賀。先生言節序變遷，時思方切，請改賀爲慰。及除喪，有司又將以開樂致宴。先生又奏請罷宴曰：「除喪而用吉禮，則因事用樂可矣。今特設宴，是喜之也。」（見《文集》。）嘗聞後苑以金製水桶，問之，曰：「崇慶宮物也。」先生曰：「若上所御，則吾不敢不諫。」在職累月，不言祿，吏亦弗致，旣而諸公知之，俾戶部特給焉。又不爲妻求邑封。或問之，先生曰：「某起於草萊，三辭不獲而後受命。今日乃爲妻求封乎？」（見《語錄》。）經筵承受張茂則嘗招諸講官啜茶觀畫。先生曰：「吾平生不啜茶，亦不識畫。」竟不往。（見《龜山語錄》。或云：「恐無此事。」）文潞公嘗與呂、范諸公入侍經筵，聞先生講說，退相與歎曰：「眞侍講也。」一時人士歸其門者甚盛，而先生亦以天下自任，論議褒貶，無所顧避。由是，同朝之士有以文章名世者，疾之如讐，與其黨類巧爲謗詆。（見《龜山語錄》、《王公繫年錄》、《呂中公家傳》及先生之子端中所撰〈集序〉。又按：蘇軾奏狀亦自云：「臣素疾程某之姦，未嘗假以辭色。」又按：侍御史呂陶言：「明堂降赦，臣僚稱賀訖，而兩省官欲往莫司馬光。是時，程頤言曰：『子於是日哭則不歌，豈可賀赦才了，卻往弔喪？』坐客有難之曰：『子於是日哭則不歌，即不言歌則不哭。今已賀赦了，卻往弔喪，於禮無害。蘇軾遂以鄙語戲程頤，衆皆大笑。結怨之端，蓋自此始。」又《語錄》云：「國忌行香，伊川令供素饌。子瞻詰之曰：「正叔不好佛，胡爲食素？」先生曰：『禮，居喪不飲酒，不食肉。忌日，喪之餘也。』子瞻令具肉食，曰：『爲劉氏者左袒。』於是范醇夫輩食素，秦、黃輩食肉。」又鮮于綽《傳信錄》云：「舊例，行香齋筵，兩制以上及臺諫官並設蔬饌，然以粗糲，遂輪爲食會，皆用肉食矣。元祐初，崇政殿說書程正叔以食肉爲非是，議爲素食，衆多不從。一日，門人范醇夫當排食，遂具蔬饌。內翰蘇子瞻因以鄙語戲

正叔。正叔門人朱公掞輩銜之，遂立敵矣。是後蔬饌亦不行。」又《語錄》云：「時呂申公為相，凡事有疑，必質於伊川。進退人才，二蘇疑伊川有力，故極詆之。」又曰：「朝廷欲以游酢為某官，蘇右丞沮止，毀及伊川。宰相蘇子容曰：『公未可如此，頌觀過其門者，無不肅也。』又按：劉諫議《盡言集》亦有異論，劉非蘇黨，蓋不相知耳。）

　　一日赴講，會上瘡疹，不坐已累日。先生退詣宰臣，問上不御殿，知否？曰：「不知。」先生曰：「二聖臨朝，上不御殿，太皇太后不當獨坐。且人主有疾，而大臣不知，可乎？」翌日，宰臣以先生言，奏請問疾，由是大臣亦多不悅。而諫議大夫孔文仲因奏先生汙下憸巧，素無鄉行，經筵陳說，僭橫忘分，遍謁貴臣，歷造臺諫，騰口閒亂，以償恩讎，致市井目為五鬼之魁，請放還田里，以示典刑。

　　八月，差官勾西京國子監。（見舊《實錄》。又〈文仲傳〉載呂公之言曰：「文仲為蘇軾所誘脅，其論事皆用軾意。」又《呂申公家傳》亦載其與呂大防、劉摯、王存同駁文仲所論朱光庭事，語甚激切。且云：「文仲本以伉直稱，然憃不曉事，為浮薄輩所使，以害忠良，晚乃自知為小人所紿，憤鬱嘔血而死。」按：舊錄固多妄，然此類亦不為無據，新錄皆刪之，失其實矣。又《范太史家傳》云：「元祐九年，奏曰：『臣伏見元祐之初，陛下召程頤對便殿，自布衣除崇政殿說書，天下之士，皆謂得人，實為希闊之美事。而纔及歲餘，即以人言罷之。頤之經術行誼，天下共知。司馬光、呂公著皆與頤相知二十餘年，然後舉之。此二人者，非為欺罔以誤聖聰也。頤在經筵，切於皇帝陛下進學，故其講說語常繁多，草茅之人，一旦入朝，與人相接，不為關防，未習朝廷事體，而言者謂頤大佞大邪，貪黷請求，奔走交結，又謂頤欲以故舊傾大臣，以意氣役臺諫，其言皆誣罔非實也。蓋當時臺諫官王巖叟、朱光庭、賈易皆素推服頤之經行，故不知者指以為頤黨。陛下慎擇經筵之宮，如頤之賢，乃足以輔導聖

學。至如臣輩，叨備講職，實非敢望頤也。臣久卻為頤一言，懷之累年，猶豫不果。使頤受誣周之謗於公正之朝，臣每思之，不無愧也。今臣巳乞去職，若復召頤勸講，必有補於聖明，臣雖終老在外，無所憾矣。』）先生既就職，再上奏乞歸田里曰：「臣本布衣，因說書得朝官。今以罪罷，則所授官不當得。」三年又請，皆不報，乃乞致仕至再，又不報。五年正月，丁太中公憂去官。

七年服除，除直秘閣，判西京國子監。（《王公繫年錄》云：「元祐七年三月四日，延和奏事，三省進呈，程頤服除，卻與館職判檢院。簾中以其不靖，令只與西監，遂除直秘閣，判西京國子監。初頤在經筵，歸其門者甚盛；而蘇軾在翰林，亦多附之者，遂有洛黨蜀黨之論。二黨道不同，互相非毀，頤竟為蜀黨所擠。今又適軾弟轍執政，纏進稟，便云：但恐不肯靖。簾中入其說，故頤不復得召。」）先生再辭，極論儒者進退之道。（見文集。）而監察御史董敦逸奏，以為有怨望輕躁語。五月，改授管勾崇福宮。（見《舊錄》。）未拜，以疾尋醫。

元祐九年，哲宗初親政，申秘閣西監之命。先生再辭不就。（見《文集》。）紹聖閒，以黨論放歸田里。

四年十一月，送涪州編管。（見《實錄》。）門人謝良佐曰：「是行也，良佐知之，乃族子公孫與邢恕之為爾。」先生曰：「族子至愚不足責，故人情厚不敢疑。孟子既知天，焉用尤臧氏？」（見《語錄》。）

元符二年正月，《易傳》成而序之。三年正月，徽宗即位。移峽州。四月，以赦復宣德郎，任便居住，（制見《曲阜集》。）。還洛。（《記善錄》云：「先生歸自涪州，氣貌容色鬚髮，皆勝平

昔。」）十月，復通直郎，權判西京國子監。先生既受命，即謁
告，欲遷延爲尋醫計，既而供職。門人尹焞深疑之。先生曰：
「上初即位，首被大恩，不如是，則何以仰承德意？然吾之不能
仕，蓋已決矣。受一月之俸焉，然後唯吾所欲爾。」（見《文
集》、《語錄》。又劉忠肅公家《私記》云：「此除乃李邦直、范彝叟之
意。」）建中靖國二年五月，追所復官，依舊致仕。（前此未嘗致
仕，而云依舊致仕，疑西監供職不久，即嘗致仕也。未詳。）

崇寧二年四月，言者論其本因姦黨論薦得官，雖嘗明正罪
罰，而敘復過優；（已追所復官，又云敘復過優，亦未詳。）今復著
書，非毀朝政。於是有旨追毀出身以來文字，其所著書，令監司
覺察。（《語錄》云：「范致虛言程某以邪說詖行，惑亂眾聽，而尹
焞、張繹為之羽翼。事下河南府體究，盡逐學徒，復隸黨籍。」）先生
於是遷居龍門之南，止四方學者曰：「尊所聞，行所知可矣，不
必及吾門也。」（見《語錄》。）

五年，復宣義郎，致仕。（見《實錄》。）時《易傳》成書已
久，學者莫得傳授，或以爲請。先生曰：「自量精力未衰，尚覬
有少進耳。」其後寢疾，始以授尹焞、張繹。（尹焞曰：「先生踐
履盡《易》，其作《傳》只是因而寫成，熟讀玩味，即可見矣。」又云：
「先生平生用意，惟在《易傳》，求先生之學者，觀此足矣。《語錄》之
類，出於學者所記，所見有淺深，故所記有工拙，蓋未能無失也。」見
《語錄》。）

大觀元年九月庚午，卒於家，年七十有五。（見《實錄》。）
於疾革，門人進曰：「先生平日所學，正今日要用。」先生力疾
微視曰：「道著用便不是。」其人未出寢門而先生沒。（見《語
錄》。一作門人郭忠孝。尹子云：「非也。忠孝自黨事起，不與先生往

來，及卒，亦不致奠。」）

　　初，明道先生嘗謂先生曰：「異日能使人尊嚴師道者，吾弟也。若接引後學，隨人材而成就之，則予不得讓焉。」（見《語錄》。侯仲良曰：「朱公掞見明道於汝州，踰月而歸，語人曰：「光庭在春風中坐了一月。游定夫、楊中立來見伊川。一日先生坐而瞑目，二子立侍，不敢去。久之，先生乃顧曰：「二子猶在此乎？日暮矣，姑就舍。」二子者退，則門外雪深尺餘矣。其嚴厲如此。晚年接學者，乃更平易，蓋其學已到至處，但於聖人氣象差少從容爾。明道則已從容，惜其早死，不及用也。使及用於元祐間，則不至有今日事矣。」）先生既沒，昔之門人高第，多已先亡，無有能形容其德美者。然先生嘗謂張繹曰：「我昔狀明道先生之行，我之道蓋與明道同。異時欲知我者，求之於此文可也。」（見〈集序〉。尹焞曰：「先生之學，本於至誠，其見於言動事為之間，處中有常，疏通簡易，不為矯異，不為狷介，寬猛合宜，莊重有體。或說菆薶以弔喪，誦《孝經》以追薦，皆無此事。衣雖紬素，冠襟必整；食雖簡儉，蔬飯必潔。太中年老，左右致養無違，以家事自任，悉力營辦，細事必親，贍給內外親族八十餘口。」又曰：「先生於書，無所不讀，於事無所不能。」謝良佐曰：「伊川才大，以之處大事，必不動聲色，指顧而集矣。」或曰：「人謂伊守正則盡，通變不足，子之言若是，何也？」謝子曰：「陝右錢以鐵，舊矣，有議更以銅者，已而會所鑄子不踰母，謂無利也，遂止。伊川聞之曰：『此乃國家之大利也。利多費省，私鑄者眾；費多利少，盜鑄者息。民不敢盜鑄，則權歸公上，非國家之大利乎？』又有議增解鹽之直者。伊川曰：『價平則鹽易洩，人人得食，無積而不售者，歲入必倍矣，增價則反是。』已而果然。司馬公即相，薦伊川而起之。伊川曰：『將累人矣。使韓、富當國時，吾猶可以有行也。及司馬公大變熙、豐，復祖宗之舊，伊川曰：『役法討論，未可輕改也。』公不然之，既而數年紛紛不能定。由是觀之，亦可以見其梗概矣。』）

附錄三：邵堯夫先生墓誌銘 [1]

　　熙寧丁巳孟秋癸丑，堯夫先生疾終于家。洛之人弔哭者，相屬於途，其尤親且舊者，又聚謀其所以葬。先生之子泣以告曰：「昔先人有言，誌於墓者，必以屬吾伯淳。」噫！先生知我者，以是命我，我何可辭？

　　謹按：邵本姬姓，系出召公，故世爲燕人。大王父令進，以軍職逮事藝祖，始家衡漳。祖德新，父古，皆隱德不仕。母李氏，其繼楊氏。先生之幼，從父徙共城，晚遷河南，葬其親於伊川，遂爲河南人。先生生於祥符辛亥，至是蓋六十七年矣。雍，先生之名，而堯夫其字也。娶王氏。伯溫、仲良，其二子也。

　　先生之官，初舉遺逸，試將作監主簿，後又以爲潁州團練推官，辭疾不赴。

　　先生始學於百原，堅苦刻厲，冬不爐，夏不扇，夜不就席者數年，衛人賢之。先生歎曰：「昔人尙友於古，而吾未嘗及四方，遽可已乎？」於是走吳適楚，過一作寓齊、魯，客梁、晉。久之而歸，曰「道其在是矣」，蓋始有定居之意。

　　先生少時，自雄其材，慷慨有大志。既學，力慕高遠，謂先王之事爲可必致。及其學益老，德益邵，玩心高明，觀於天地之運化，陰陽之消長，以達乎萬物之變，然後頹然其順，浩然其歸。在洛幾三十年，始至，蓬蓽環堵，不蔽風雨，躬爨以養其父

---

[1] 《二程集（上）‧河南程氏文集卷第四‧明道先生文四‧行狀墓誌祭文‧邵堯夫先生墓誌銘》，頁 502–504。

母，居之裕如。講學於家，未嘗強以語人，而就問者日衆。鄉里化之，遠近尊之，士人之道洛者，有不之公府，而必之先生之廬。

先生德氣粹然，望之可知其賢，然不事表暴，不設防畛，正而不諒，通而不汙，清明坦夷，洞徹中外，接人無貴賤親疏之間，群居燕飲，笑語終日，不取甚異於人，顧吾所樂何如耳。病畏寒暑，常以春秋時行遊城中，士大夫家聽其車音，倒屣迎致，雖兒童奴隸，皆知懽喜尊奉。其與人言，必依於孝弟忠信，樂道人之善，而未嘗及其惡，故賢者悅其德，不賢者服其化，所以厚風俗、成人材者，先生之功 一有為字。 多矣。

昔七十子學於仲尼，其傳可見者，惟曾子所以告子思，而子思所以授孟子者耳。其餘門人，各以其材之所宜 一有者字。為學，雖同尊聖人，所因而入者，門戶則衆矣。況後此千餘歲，師道不立，學者莫知其從來。獨先生之學為有傳也。先生得之於李挺之，挺之得之於穆伯長，推其源流，遠有端緒。今穆、李之言及其行事，概可見矣。而先生淳一不雜，汪洋浩大，乃其所自得者多矣。然而名其學者，豈所謂門戶之衆，各有所因而入者歟？語成德者，昔難其居。若先生之道，就所至而論之，可謂安且成矣。

先生有書六十二卷，命曰《皇極經世》；古律詩二千篇，題曰《擊壤集》。先生之葬，附於先塋，實其終之年孟冬丁酉也。銘曰：嗚呼先生，志豪力雄；闊步長趨，凌高厲空；探幽索隱，曲暢旁通。在古或難，先生從容；有《問》有《觀》，以飫以豐。天不憖遺，哲人之凶；鳴皋在南，伊流在東；有寧一宮，先生所終。

附錄四：論伊川易傳的價值與得失 [1]

一、前言

　　《易經》向被推爲群經之首，除以其「文起周代，卦肇伏羲」（《經典釋文・序錄》）外，更以其象文明之始，而爲「政教之所生」（《六藝論》），是故歷代學者莫不傾心研究，以致易學著述之繁富，遠愈他經。

　　至於如何於浩瀚典籍中，尋求藉茲登堂入室之津筏，古今易家大抵眾口一辭，即須從熟稔經傳原典入手，從古注入手。惟古注牙籤萬軸，又當以何爲先？夫易道廣大，統貫天人，諸家之說，仁智互見，各得一察，難以取捨，然私慮以爲初學者宜先義理而後兼及象數，先一家而後旁涉諸家。準此要道，則程頤伊川先生《易傳》，洵爲不二之古注也。故自《伊川易傳》於宋哲宗元符二年（1099 年）撰成後，迄今已歷九百餘年，學《易》者鮮有不讀其書者。

　　忠天於 1996 年執教國立高雄師範大學國文系，擔任易經課程，便以《伊川易傳》教授學子，惟坊間所見，或無標點斷句，或雖經標點斷句，然魯魚亥豕，訛誤脫衍，幾無頁無之。遂不揣淺陋，重加點校，並輔以善本，酌加註評，俾讀者於《伊川易傳》之疑難字詞，牽涉人事，典故出處或能曉然明白，並可免於檢索之苦，於是成《周易程傳註評》一書。欣逢 2002 年世界易

---

[1] 黃忠天：〈伊川易傳的價值與得失〉一文，原刊載於高雄・中山大學《文與哲》，2003 年，第三期，頁 247–266。

經大會於四川涪陵召開，而涪陵更爲《伊川易傳》成書寶地，值此因緣際會，遂藉《經義考》卷二十引，將個人於編校時，管窺之見，撰成「論伊川易傳之價值與得失」一文，以就敎方家。

　　《伊川易傳》之價值得失，自宋後公私藏書目錄，每有著錄，而其中尤以淸·朱彝尊《經義考》收錄最詳，然仍有未及備載者[2]，惟單從《經義考》所引十八家評論，差可略見諸家於《伊川易傳》，品評之富，後人似無庸贅述，憑添蛇足。然觀前人之說，頗有黨同伐異，未足以病伊川者，亦頗有好而不知其惡，惡而不知其美者，茲將個人編校所得，略述於後，冀能補前人論述所未備。惟限於學殖，疏繆之處，自知難免，尚祈識者有以敎之。至於本文於《伊川易傳》所用版本，主要採淸光緒十年「古逸叢書」影元至正九年積德堂刊本爲主，並以明福建巡按吉澄校刊與淸武英殿本等爲輔本。

二、《伊川易傳》之價值

　　歷來評《伊川易傳》者，猗歟盛哉！歸納諸家之說，蓋可從三方面以說明其價值。

(一) 平實明白說理精到

　　《易》原爲卜筮之書，自《十翼》之作，遂使《易》由單純

---

[2] 如錢曾：《讀書敏求記》、楊守敬《日本訪書志》、柳貫《柳待制文集》、丁晏《周易述傳》於《伊川易傳》亦多所論述，均於《伊川易傳》有所評述，惟《經義考》均未及刊載，今俱以補入拙作《周易程傳註評》一書卷尾。

卜筮之用，一變而富有哲學之義涵，而躋為六經之一。《十翼》
思想，雖不免雜揉原始卜筮之術數，及戰國以來，道家、陰陽家
之思想[3]，然大體言，其為儒家之說，則毋庸置疑。儒家論事說
理，多平實而切近人事，尤以〈彖〉、〈象〉、〈文言〉諸傳尤
然。漢初諸儒說《易》，皆承此遺風，迨至孟喜以陰陽災異說
《易》，遂開啓漢代象數釋《易》之門[4]，其後焦延壽、京房等
繼起，復有互體、爻變、納甲、世應、飛伏諸名目，至三國虞
翻，遂愈趨繁瑣叢雜，變本加厲矣。

　　迨魏晉王弼、韓康伯出；盡掃象數，使易學重返義理之路。
然弼出入儒道，祖尚虛無[5]，雖重在說理，卻罕言人事。直至宋
代胡瑗、程頤，上承王弼以來義理易學之基礎，改以平實而切合
人事之儒理，一掃老莊易之高蹈玄虛，於是易理更為明白可從，
故何喬新云：「自漢以來，考象占者，泥於術數，而不得其弘通
簡易之法；談義理者，淪於空寂，而不適乎仁義中正之歸。迨程
子作《易傳》，《易》之義理始大明；朱子作《本義》，《易》
之象占始益著。蓋程子之《易》，發揮孔子《十翼》者也；朱子

---

[3] 如卦爻辭中不言陰陽二字，惟〈坤卦・文言〉則有「陰疑於陽必
　　戰」、〈繫辭〉亦有「一陰一陽之謂道」之語。而〈說卦〉所云：
　　「萬物出乎震，震東方也……。」屈萬里以為已襲鄒衍終始五德之
　　說（見《先秦漢魏易例述評》）（臺北：學生書局，1985 年 9
　　月），頁 17。而〈謙卦・彖〉：「天道虧盈而益謙」，亦與《老
　　子》「有餘者損之」之說相合。另〈繫辭〉所載「大衍之數五十」
　　一章，更為古術數之遺。
[4] 見《漢書・儒林傳》卷八十八。
[5] 如〈恒卦・上六〉：「振恒凶」，王弼注云：「夫靜為躁君，安為
　　動主，故安者上之所處也，靜者可久之道也。」與《老子》：「致
　　虛極，守靜篤」、「重為輕根，靜為躁君」，幾同出一轍。

之《易》，則推三聖敎人卜筮之旨也。後世有功於《易》道，非程子而何哉？[6]」觀《伊川易傳》除以儒理釋《易》外，文中亦罕言象數，徒以淺近之言，寓醇實之理，故朱熹云：「《易傳》明白，無難看處[7]」，又謂：「伯恭謂《易傳》理到語精，平易的當，立言無毫髮遺恨，此乃名言[8]」，而楊時喬謂其「說理精到」，馬端臨謂其「精於義理」（《文獻通考‧經籍考》卷三），四庫館臣更推譽曰：「言理精粹，自非漢唐諸儒可及」（《四庫提要》卷三，頁2）。

　　惟後世批評《程傳》者，每在意其略於象數，遠於天道，不知此適爲《程傳》殊勝所在。吾人試觀程子所言：「有理而後有象，有象而後有數，《易》因象以明理，由象以知數，得其義，則象數在其中矣。必欲窮象之隱微，盡數之毫忽，乃尋流逐末，術家之所尙，非儒者之所務也。[9]」明乎此，學者亦當知所適從矣！近人戴君仁先生云：「或以爲《程傳》於象數闊略，是其缺點，但我卻以爲這正是他的優點[10]」，此誠見道之語。

(二)因時立敎切於世用

　　中國哲學特質，向以「生」爲重心，迥異於西方以知識爲中心，以理智遊戲爲特徵的哲學。而哲人所思所行，亦莫不深繫於生民安身立命之事。《易經》爲吾國哲學之源頭，自然相應於此

---

[6] 見朱彝尊：《經義考》卷二十引。

[7] 馬端臨：《文獻通考‧經籍考》卷三引。

[8] 《朱子語類》卷六十七，頁4-5。

[9] 《二程遺書》卷二一上。

[10] 戴君仁：《談易》（臺北：開明書店，1980年3月），頁99。

一文化特質，未嘗捨離人事而侈言天道。昔章學誠云：「六經皆史也。古人不著書，古人未嘗離事而言理[11]」，而〈繫辭下傳〉亦云：「《易》之爲書也不可遠」，楊萬里注云：「夫《易》之於人，如水之於魚也。魚不可離於水，人不可遠於《易》。君臣父子，無非《易》也；視聽言動，無非《易》也；治亂安危，無非《易》也；取舍進退，無非《易》也。魚離水則死，人遠《易》則凶。仲尼曰：『《易》之爲書也，不可遠』，此之謂也。非《易》書之不可遠也，《易》書之道不可遠也[12]」。蓋《易經》爲一生命之哲學，其目的在「知周萬物而道濟天下」，是以其中即使論及天道，涉乎形上，然其終極之目的，仍在下貫人生，天人合一，體用不二，庶幾「曲成萬物」，而使萬物各得其宜也。

　　《程傳》借《易》以明理，循理以論事，故多合於世用，昔魏了翁云：「程《易》明白正大，切於治身，切於用世，未易輕議，故無智愚皆知好之。」（《經義考》卷二十引），而李贄亦云：「伊川之《易》，有用之學也。自是程氏之《易》與孔子《十翼》同功，非特解經而已。或者例以注疏觀之，非眞知程子者矣。」（同上），陳淳亦謂「自秦以來，《易》幸全於遺燼，道則晦而不章。卑者泥於窮象數，而穿鑿附會，爲災異之流，高者溺於談性命，而支離放蕩，爲虛無之歸。程子蓋深病焉，於是作《傳》以明之，一掃諸儒之陋見，而《傳》即日用事物之著，

---

[11] 章學誠：《文史通義·易教上》（臺北：盤庚書局，1978 年），頁1。

[12] 楊萬里：《誠齋易傳》（臺北：國家圖書館藏明嘉靖二十一年尹耕療鶴亭本），卷十八，頁21。

發明人心天理之實，學者於是始知《易》爲人事切近之書」（同
上）。

　　惟若干易家，往往著重於象數與天道以批評《程傳》，如郝
敬云：「程正叔《易傳》大抵因王輔嗣之舊，廓而充之，於象數
闊略，徒執君子小人治亂生解，其於三極之道，殊覺偏枯。」
（同上）馮當可亦謂「伊川專於治亂，而《易》與天道遠」（同
上），殊不知伊川正欲力矯象數與義理之流弊，期使《易》爲有
用之學，故朱熹〈跋〉曰：「自秦漢以來，考象數者泥於術數，
而不得其弘通簡易之法，論義理者淪於空寂，而不適乎仁義中正
之歸。求其因時立敎，以承三聖不同於法同於道者，則惟伊川先
生程氏之書而已」（同上），而丁晏亦謂「程子之學，明於政治
得失之原，切於身心日用之要，欲學聖人之《易》，舍程子無由
入也[13]。」是故因時立敎，切於世用，誠爲《伊川易傳》之價值
所在。

(三)承先啓後影響深遠

　　古今易注，浩如煙海，論其影響，罕有能與《伊川易傳》相
匹儔者，蓋伊川上承漢魏以義理解《易》之系統，如其〈與金堂
謝君（湜）書〉云：「若欲治《易》，先尋經令熟，只看王弼、
胡先生（瑗）、王介甫三家文字，令通貫，餘人《易》說無取，
枉費功。」（《文集》卷九）試觀三家之《易》，《程傳》採擷
甚多，亦奠其義理說《易》之基，而爲義理派易學之大宗師。自
茲以降，凡以義理詮《易》者，莫不宗之。甫自宋代已有援爲學

---

[13] 丁晏：《周易述傳・書後》（上海：上海古籍出版社影清同治元年
　　頤志齋叢書本，收錄於《續修四庫全書》）。

官教材者，如呂祖謙云：「會稽周汝能堯夫，鄞山樓鍔景山方職教東陽，迺取刊諸學宮。」（《經義考》卷二十引）至元仁宗皇慶二年（1313 年）更下詔科舉，《易》用程朱，明清仍之。然程朱《易》注雖同列官學，惟朱熹《本義》本在「發揮邵《圖》之法象，申明《程傳》之旨趣[14]」，因此，《本義》每云：「《程傳》備矣」而不另為之注，沒若，苟不讀《程傳》，則《本義》亦難明白。

夫《易》傳習久矣！自漢武帝建元五年（公元前 136 年）立五經博士始，兩千年來學者靡不習《易》；自元仁宗以降至清光緒三十一年（1905 年）廢科舉止，五百餘年，學《易》者又靡有不讀《程傳》者，即如乾嘉學者漸棄宋學，然於《程傳》每多宗之，如段玉裁〈戴東原年譜〉云：「先生言《周易》當讀程子《易傳》。」職是之故，不讀《程傳》，幾無以會通義理易學之師承師說，不讀《程傳》，學者頓失幾分對話與共識之基礎，其影響之深遠，蓋可想見。

三、《伊川易傳》之缺失

《伊川易傳》之缺失，前人多著墨於其略於象數，遠於天道二事，然論《易》之道非一，必欲以此為是，以彼為非，恐易流於門戶之見，未足以服伊川之心，故本文論《伊川易傳》之缺失，擬就《程傳》撰作之內外緣以論《程傳》，就經傳之大旨、易例等以論《程傳》，庶幾以知《程傳》之美惡。

---

[14] 見《經義考》卷三十一引陳淳語。

(一)取譬史證之缺失

　　《伊川易傳》借《易》以明理，循理以論事，故多合於世用，其釋《易》亦往往取譬人事，並每多精當，如〈蹇卦・九五〉：「大蹇，朋來」，《程傳》注云：「自古聖王濟天下之蹇，未有不由賢聖之臣爲之助者，湯武得伊呂是也。中常之君，得剛明之臣，而能濟大難者，則有矣，劉禪之孔明，唐肅宗之郭之儀，德宗之李晟是也。」似此援史以證《易》者尚多，大抵貼切，此亦孔子載之空言，不如見諸行事深切著明之垂訓也。（《史記・太史公自序》）

　　惟《程傳》於所援引八、九十則史事中，仍不免有失於妥切者，如〈蠱卦上九〉：「不事王侯，高尚其事。」《程傳》注云：

> 上九居蠱之終，無係應於下，處事之外，無所事之地也。以剛明之才，無應援而處無事之地，是賢人君子不偶於時，而高潔自守，不累於世務者也，故云不事王侯，高尚其事。古之人有行之者，伊尹太公望之始，曾子子思之徒是也。

《程傳》以賢人君子不遇於時，故高潔自守，不事王侯。然細究卦辭「元亨」二字，足以說明蠱本指敗壞，然由治蠱終能元亨，因此，上九乃是蠱既治而功成身退之時，故曰：「不事王侯，高尚其事」。《折中》引張振淵：「居蠱之終，則無事之時世，在蠱之外，則不當事之人也」，因此，此爻若以功成身退者，如范蠡、張良諸人喻之，較符合爻意。又如〈無妄・九五〉：「無妄之疾，勿藥有喜」，《程傳》注云：

> 無妄之所謂疾者，謂若治之而不治，率之而不從，化之而
> 不革，以妄而為無妄之疾，舜之有苗，周公之管蔡，孔之
> 叔孫武叔是也。

誠如伊川所云，無妄之疾不足憂患，故無須刻意攻治，當自痊
癒，唯文中舉舜征有苗、周公討管蔡以為史證，似不合爻旨，蓋
既征之、討之，不可謂「勿藥」也。故三例中，惟孔子與叔孫武
叔事，較為妥切，餘恐非「勿藥」之例。《伊川易傳》取譬之
缺失，雖尚有數例 [15]，然就其全書觀之，究屬少數，瑕不掩瑜
也。

(二)論釋義理之缺失

　　《易經》由於撰成時代久遠，文辭簡略，造成一語多義，是
以歷代易家各逞其說，往往莫衷一是。本文於探究《伊川易傳》
詮釋義理得失部分，自宜避免陷入以我為是，以彼為非之主觀論
斷，儘可能就客觀之立場以檢索《程傳》之缺失，綜觀其缺失之
所由，厥有下列主要因素，茲分述之：

1.未合卦旨

　　易家釋《易》容或不同，然萬變不離其宗——即不可違離一
卦旨意以解說之，致望文生義，《伊川易傳》雖說理精當，惟有
時不免亦犯此病，如解〈蠱卦·六四〉「裕父之蠱」云：

---

15 如〈坤卦·六五〉注云：「陰者，臣道也，婦道也。臣居尊位，羿
　　莽是也」。按：后羿本為夏代有窮國之君，而為臣下寒浞所弒，並
　　非以臣居尊位，宜以浞、莽為例較妥切。

四以陰居陰，柔順之才也。所處得正，故為寬裕以處其父
事者也。夫柔順之才而處正，僅能循常自守而已，若往幹
過常之事，則不勝而見吝也，以陰柔而無應助，往安能
濟？

按：「裕」字，來知德謂「正幹之反也」。《本義》：「以陰居
陰，不能有為，寬裕以治蠱之象也。如是則蠱將日深，故往則見
吝」，此說恰與《程傳》相異。本卦卦辭：「利涉大川」，有積
極義，故初六雖以柔處下，亦云：「幹父之蠱」，況六四處大臣
之位，於治蠱尤責無旁貸，故宜以《本義》之說為是。又如〈比
首，凶〉，《程傳》注云：

> 六居上，比之終也。首，謂始也。凡比之道，其始善則終
> 善矣。有其始而無其終者或有矣，未有無其始而有終者
> 也，故比之無首，至終則凶也。

按：《程傳》以「始善」解釋「首」字，惟揆諸〈比卦〉各爻，
無論處在任何時位，均須合於元永貞之道，是以，上六爻旨已不
在有無善始，而是在遲速先後。楊簡《易傳》云：「由初而比
之，其比也誠，比不于其初，及終而始求比，不忠不信，人所不
與，凶之道也。首，初也。」除上述外，另〈師卦・九二〉、
〈比卦・卦辭〉、〈噬嗑・初九〉等，均有類此病者。

2.未合爻旨

卦有卦旨，爻有爻意。爻意雖不離卦旨，然仍須依其時位而
予以不同之解說。觀《伊川易傳》中，未合爻旨者，如〈需卦・
六四〉：「需于血，出自穴」，《程傳》云：

> 四以陰柔之質處於險，而下當三陽之進，傷於險難者也，故云：「需于血」。既傷於險難，則不能安處，必失其居，故云：「出自穴」。穴，物之所安也，順以從時，不競於險難，所以不至於凶也。

按：《程傳》以穴爲「物之所安」，故「出自穴」一語，程子意爲失其所安。惟本卦上體爲坎，坎爲險，〈說卦〉云：「坎，陷也」，故朱熹《本義》云：「穴者，險陷之所」，《易》原爲卜筮之書，故卦爻辭多前瞻性之話語，六四「出自穴」，自然非描述現狀，而是策勵來茲，意謂六四苟能順以聽時，終能「出自穴」，擺脫險陷之所也，此〈小象〉所謂「順以聽」之意。而上六「入于穴」，以其居坎險之終，故有「穴」象，然其雖入於險，以能敬不速之客，終能轉危爲安也。由此可見，《程傳》以「穴」爲安，究與爻旨未合。又如〈復卦・六二〉：「休復，吉」，《程傳》云：

> 二雖陰爻，處中正而切比於初，志從於陽，能下仁也，復之休美者也。

按：《程傳》解「休復」爲復之休美，實承王弼、孔穎達等先儒舊說，於義雖亦可通，惟考諸《尚書・秦誓》：「其心休休焉，其如有容」，鄭玄注：「休休，寬容貌。」是以來知德《周易集註》云：「休者，休而有容也。人之有善，若己有之者也。」揆諸爻旨及〈小象〉：「以下仁也」一語，「休」字作「容」解似較佳。若依《程傳》，則〈復卦〉諸爻，除上六之「迷復」外，何爻非「復之休美者也」？

3.意識形態之偏失

　　《伊川易傳》於意識形態之偏失，主要在坤陰之理解上，如其於〈坤卦・彖傳〉：「至哉坤元，萬物資生」下注云：「資生之道，可謂大矣。乾既稱大，故坤稱至，至義差緩，不若大之盛也。」按〈繫辭〉云：「天地之大德曰生」，是以〈乾卦・彖傳〉所謂「大哉」、以及〈坤卦・彖傳〉所謂「至哉」，二語均是就天地生物之德而言，故下文有萬物「資始」、「資生」之說。然推究易理，獨陰不生，獨陽不長，在萬物始生之過程中，天地實缺一不可，乾坤雖於位有主從之分，然於德實無高下之別。〈乾卦〉具元亨利貞四德，〈坤卦〉亦具四德，蓋地道順承天施而化育萬物，德合無疆，故也。《程傳》於此關鍵處非不知此理[16]，惟於〈彖傳〉則自違其說，對乾坤二元強作價值高下之判斷。

　　此外，《程傳》論坤陰，每以柔躁謂之，如〈坤卦・彖傳〉：「安貞之吉」下，注云：「陰體柔躁，故從於陽，則能安貞而吉」。又如〈復卦・六三〉：「頻復」，《程傳》亦注云：「三以陰躁處動之極，復之頻數而不能固者也。」夫陰體雖柔，然未可言「躁」，試觀〈坤卦・文言〉云：「坤至柔而動也剛，至靜而德方」，足見「至柔」、「至靜」方為坤陰之本質，故孔穎達謂「地體不動是至靜」。

　　綜論《程傳》於坤陰詮釋之差謬，恐源於其意識形態之偏失，而此意識形態或與漢代以來漸將《易傳》中，原本強調乾坤

---

[16] 如《程傳》於〈坤卦・卦辭〉注云：「坤，乾之對也，四德同而貞體則異。」

二元位有主從、德無高下之概念，轉變爲「貴陽而賤陰」、「喜陽而惡陰」、「扶陽而抑陰」之思想[17]，忽略了陰陽做爲對等的概念，如善與惡、君子與小人等，固然有價值高下之分野，然而做爲角色之分工，如日與夜，男與女，君與臣等等，實不可以價值高下論斷之。由於漢儒過於強調陽貴陰賤、陽善陰惡之說，自茲以降，不僅造成階級意識之抬頭，君臣、上下、男女種種地位之懸絕，並從而扭曲陰陽兩造雙方平衡與對等之關係，於是「君要臣死，臣不敢不死」、「兄弟如手足，妻子如衣服[18]」與「餓死事小，失節事大」等等荒謬思想與行徑之萌生，亦毋足怪也矣！

　　此亦爲《程傳》於詮釋易理，不免產生不當或矛盾之癥結因素之一。復再舉一例以說之，如〈坤卦・六五〉：「黃裳元吉」，《程傳》謂「陰者，臣道也，婦道也。臣居尊位，羿莽是也，猶可言。婦居尊位，女媧氏、武氏是也，非常之變，不可言也。」上文中，《程傳》論「臣」與「婦」，採雙重標準衡量之，是頗值爭議者，蓋若如《程傳》所言「陰者，臣道也，婦道也」，六五一爻無論臣居尊位，或婦居尊位，按理均同屬「以陰居尊位」，亦應同爲「非常之變」，自不當有「臣居尊位猶可言」、「婦居尊位不可言」之別。此一問題，亦與上述所言，漢代以來貴陽賤陰之觀念有關，吾人面對此一意識形態之偏失，自

---

[17] 如董仲舒：《春秋繁露・陽尊陰卑》中所云：「貴陽賤陰」、「善皆歸於君，惡皆歸於臣」、「惡之屬，盡爲陰；善之屬，盡爲陽」等等思想，便強化陰陽之分野，並導向純然以價值判斷區分陰陽。惟此轉變與影響甚爲複雜，宜另爲專文討論，在此暫不贅述。

[18] 見《三國演義》十五回劉備引古人云：「兄弟如手足，妻子如衣服。衣服破，尚可縫；手足斷，安可續？」

不能全然咎責程頤一人，蓋此意識之形成，其來有自，《程傳》亦不過承此流風餘韻耳，惟吾人研讀是書，亦不能不辨明其失。

4.斷句之訛誤

《周易》一書，因年代湮邈，致經文之斷句，有時不免仁智互見，莫衷一是。《伊川易傳》於經傳斷句上，自亦有異於他人者，然倘事理之可通，自可備爲一說。苟不可通者，自當審辨而寙正之，如〈坤卦・卦辭〉：「先迷後得主利」一句，《程傳》斷爲「先迷後得，主利」，使其說爲是，則「主利」一詞，蓋爲一重要之命題，故《程傳》遂加以闡述云：「主利，利萬物則主於坤，生成皆地之功也。臣道亦然，君令臣行，勞於事者，臣之職也。」上述《程傳》斷句之是非，吾人可從三方面加以考察：

其一：從〈彖傳〉觀察。夫〈彖傳〉者，斷一卦之義者也。觀〈彖傳〉云：「先迷失道，後順得常，西南得朋，乃與類行」，文中並未論及「主利」一語，僅以一「常」字概括之，其中蘊含之意義有二：即〈彖傳〉不以「主利」單獨爲句，故亦不另加闡釋，此其一；〈坤卦・卦辭〉以「先迷後得主，利」爲斷者，蓋坤陰以柔順爲正爲常，故得其主，即以陰從陽，得其依託之謂，此亦坤陰之常與坤陰之利，故〈彖傳〉以「得常」二字總括其意。

其二：從〈文言〉觀察。〈文言〉云：「坤至柔而動也剛，至靜而德方。後得主而有常，含萬物而化光」。由文中「得主」一語連用，並以「得主」則能有「常」來看，亦證明上文之推論無誤。

其三：從類比觀察。設若《程傳》「主利，利萬物則主於坤，生成皆地之功也」，此說可以成立，則吾人亦可以人事類比之，有如「主利，利萬物（民）則主於臣，生成皆臣之功也」，如是之說，可乎？《程傳》下文云：「臣道亦然，君令臣行，勞於事者，臣之職也」，此說不謬，然論及利萬民，可謂「主於臣乎」？蓋坤順承天施，乾為主、坤為從是也。

綜合上述三說，《程傳》於〈坤卦・卦辭〉之斷句，確有不可通者，惟似此者，幸不多見也。

（三）錯亂不全之缺憾

1.就不全言

《伊川易傳》正文，一如王弼本，止解六十四卦部分，此外則無〈繫辭〉以下諸傳的解說。元・董真卿云：「東萊呂氏（祖謙）始集周子、二程子、張子諸家經說、語錄及程子門人共十四家之說為《精義》以補之 [19]」。明・錢曾亦謂「程先生無〈繫辭〉、〈說卦〉、〈序卦〉、〈雜卦〉全解，東萊《精義》載先生解並及《遺書》，今並編入，續六十四卦之後，題之曰：『《後傳》』，庶程朱二先生皆有全《易》云。則是予所藏六卷，為程氏原書，而《後傳》乃據《精義》、《遺書》攙入者 [20]」。由上述可見，《程傳》原書僅為六卷，而且止解六十四卦，坊間有合《精義》或《後傳》者，皆非原書之舊。至於始為《易程傳》續補〈繫辭〉以下者，世人咸推呂祖謙，惟宋・陳振

---

[19] 見《經義考》卷二十引。

[20] 見錢曾：《讀書敏求記》（臺北：藝文印書館影海山仙館叢書本），卷一，頁 1-2。

孫《直齋書錄解題》曾引宋·《中興館閣書目》以爲託祖謙之
名，而淸·楊守敬亦云：「今按所載諸家之說，翦截失當，謂爲
僞託，似不誣[21]」。

今不論《程傳》六卷後，所續諸卷是否爲祖謙？惟可見宋代
即有以《程傳》止解六十四卦，不爲無憾，遂加以續補，以求爲
全書者，至於程頤何以不注〈繫辭〉以下？今固難得其詳，惟就
程頤其人其書，向推爲儒理易學之宗師與經典，並深刻影響後
世新儒家之易學[22]，《繫辭》以下，復頗具豐富之哲學義涵，伊
川未能有完整系統之詮釋，不能不謂爲易學史上之一大缺憾。

2.就「錯亂」言

伊川於《易傳》成書後七年卒（1107年），其成書雖久，
惟學者莫得其傳，其因正如伊川所云：「某於《易傳》，殺曾下
工夫。如學者見問，儘有可商量，書則未欲出之也[23]。」又云：
「某於《易傳》，今卻已自成書，但逐旋修改，期以七十，其書
可出。韓退之稱『聰明不及於前時，道德日負於初』，然某於
《易傳》，後來所改者無幾，不知如何？故且更期之以十年之
功，看如何[24]？」由上述可見《伊川易傳》成書雖久，然遲遲未
能定稿付梓授徒，主要在伊川於此書之用心審愼，尙覬有所精
進。惜伊川卒後，其書竟因之錯亂不整，據楊時《跋》云：

---

[21] 楊守敬：《日本訪書志》（上海：上海古籍出版社影淸光緒鄰蘇園
　刻本，收錄於《續修四庫全書》），卷一，葉3-4。

[22] 如熊十力之易學思想中之體用觀，即有淵源於伊川「體用一源，顯
　微無間」之說者。

[23]《河南程氏外書》卷五。

[24]《河南程氏遺書》，收錄於《二程集》，卷十七，頁174-175。

> 伊川先生著《易傳》，方草其，未及成書，而先生得疾，
> 將啓手足，以其書授門人張繹，未幾，繹卒，故其書散
> 亡，學者所傳無善本。政和之初，予友謝顯道得其書於京
> 師，示予，錯亂重複，幾不可讀。東歸待次毗陵，乃始校
> 定，去其重複，踰年而始完。先生道學足為世師，而於
> 《易》尤盡心焉，其微辭妙旨，蓋有書不能傳者，恨得其
> 書晚，不及親受旨訓，其謬誤有疑而未達者，姑存之以俟
> 知者，不敢輒加損也。然學者得其書，得其意，忘言可
> 爾。[25]

而呂祖謙亦《跋》曰：

> 伊川先生遺言見於世者，獨《易傳》為成書，傳摹浸舛，
> 失其本真，學者病之。某舊所藏本出尹和靖先生家，標注
> 皆和靖親筆。近復得新安宋元晦所訂，讎校精甚，遂合尹
> 氏、朱氏書與一二同志手自參定，其同異兩存之，以待知
> 者。既又從小學家是正其文字，雖未敢謂無遺憾，視諸本
> 亦或庶幾焉。[26]

楊時為程頤及門高足，於伊川生前尚未能親受其書，待得其書，
卻又已錯亂重複，幾不可讀，足見《易程傳》確為草具未定之
稿。楊時雖經一年之校訂，仍有疑而未達，不敢輒加損益者。而
後雖復經尹焞、朱熹、呂祖謙等等校讎，雖大致底定無誤，惟
「同異兩存」、「疑而未達」現象，依然存在，試略述如下：

---

[25] 見《經義考》卷二十引。
[26] 見《經義考》卷二十引。

(1)義異兩存

《伊川易傳》中，頗有許多因版本不同，文義兩異而並存之
情形，如〈履卦‧六三〉下注云：

> 不中正而志剛，乃為群陽所（一有不字）與，是以剛躁蹈
> 危而得凶也。

文中或作「與」或作「不與」。就卦體言，五陽一陰，故六三為
群陽所與；遂有武人而欲為君之象，就六三以陰居陽，處不得
中；履非其正言，故為群陽所不與。上述二說，說解雖異，惟均
可自圓其說，故兩存之。又如〈泰卦‧九二〉下注云：

> 既不能（一無既不能字）斷以大公而必行，則是（一有不
> 字）牽於朋比也，治泰不能朋亡，則為之難矣。

上文中，兩說亦均可通，說解雖有不同，惟其終極意義無別，故
亦兩存之。

(2)義同（近）兩存

《伊川易傳》中，其文句因義同或義近而兩存之現象，頗為
尋常，如〈謙卦‧九三〉：「勞謙，君子有終，吉」下注云：
「三以陽剛之德而居下體，為眾陰所宗，履得其（一作正）
位」，文中「履得正位」，二者皆指九三以陽爻而處陽位，其文
字雖稍異，然意義實無別也。又如〈漸卦〉卦畫下注云：「山上
有木，木之高而因山，其高（一有而字）有因也」，文中「其高
有因也」與「其高而有因也」，兩者意義無別，不過文氣舒緩有
別耳！《伊川易傳》中，似此者，幾無卦無之，茲不贅舉。

(3)疑而未達

　　《伊川易傳》雖經後人多所校訂，然疑而未達者，仍不免有之，如〈乾卦·卦辭〉：「元亨利貞」下注云：「故元專爲善大，利主於正固，亨貞之體」，上文中，文句似有訛脫；致坊間斷句每多歧異[27]，其文雖似可解，然終究未安。又如〈咸卦·六二〉：「咸其腓，凶」，《程傳》注云：

> 二以陰在下，與五為應，故設咸腓之戒。腓，足肚。行則先動，足乃舉之，非如腓之自動也。

文中所謂「非如腓之自動」一句，似亦有訛脫，以致文句費解難通。「非」字在此，惟作「批評」、「責難」方可通，然語句似仍未完足，宜作「此非其如腓之自動」，語義方不致誤讀。

　　由上述說明《伊川易傳》文句錯亂，致有疑而未達，同異兩存之現象，此皆肇因《程傳》本非定稿，伊川生前未及謄清底定，重以卒後，復遭散亡，後雖復得，然錯亂重複，傳摹浸舛，幾不可讀，雖經尹焞、楊時諸人等校定，然猶有上述諸缺失存焉，惟學者得其書，得其意，忘言可爾，自不必以小疵而廢其大醇也。

四、結論

　　《伊川易傳》之價值與得失，已略如上述，茲歸納其要點如下：

---

[27] 如臺北文津出版社與泉源出版社之《易程傳》，均斷句為「故元專為善，大利主於正，固亨貞之體」，本文則依清·康熙五十四年武英殿原刊本為斷。

(一)《程傳》之價值

其一：平實明白說理精到。蓋程頤上承王弼以來之義理易學，並一改老莊《易》之高蹈玄虛，而以儒理釋《易》，使易理更爲平實明白，文中復罕言象數，徒以淺近之言，寓醇實之理，故四庫館臣謂其「說理精粹，自非漢唐諸儒可及。」其二：因時立教切於世用。《程傳》旨在推天道以明人事，期使《易》爲有用之學，故於治亂得失之原；內聖外王之要，多所措意，故丁晏云：「欲學聖人之《易》，舍程子無由入也。」其三：承先啓後影響深遠。《程傳》上承漢魏以義理解《易》系統，下開宋後官學系統，是以自元仁宗以降，五、六百餘年來，學《易》者，幾靡有不讀《程傳》者，故不讀《程傳》，幾無以會通義理易學之傳承；不讀《程傳》，學者頓失幾分對話與共識之基礎。

(二)《程傳》之缺失

其一：取譬史證之缺失。《程傳》借《易》以明理，循理以論事，故其釋《易》每取譬人事，亦多精當，然仍不免有失於妥切者，如以伊尹、太公望等取譬〈蠱卦‧上九〉；或以舜征有苗、周公討管蔡，取譬無妄九五「勿藥」之義，均殊欠妥切。其二：詮釋義理之缺失。其中又可細分爲未合卦旨、未合爻旨、意識形態之偏失、斷句之訛誤等等，以致造成《程傳》於詮釋義理之未當。其三：錯亂不全之缺憾。就「不全」言，《程傳》止解六十四卦，〈繫辭〉以下，付諸闕如，致伊川未能完整、系統地詮釋《易傳》中，豐富之哲學義涵，不能不謂爲《程傳》之一大缺憾。就「錯亂」言，由於伊川生前未能親自定稿付梓，以授門人，致卒後其書散亡，雖又復得，然傳摹浸舛，失其本眞，雖經

楊時、尹焞、朱熹、呂祖謙諸人校訂，仍不免有「同異兩存」、「疑而未達」者，此亦爲《程傳》之另一缺憾。

(三)一部曠世易學鉅著

　　《程傳》難有如上之缺失，然究爲大醇小疵也。其於吾國易學著述之林，誠爲經典之作，不朽之論，毋怪顧亭林云：「昔說《易》者，無慮數千百家，然未見有過於《程傳》者[28]。」丁晏亦謂「蒙少而讀《易》，自漢唐迄宋元明之注解，汎濫旁求，無慮百數十家，騖然而無所得。迨年逾六旬，篤耆程子之傳，朱墨點勘，日翫一卦，兩閱月而卒業，爲之歎絕，以爲孔子之後，一人而已[29]。」忠天忝居上庠，以《程傳》敎授諸生，歷二十餘載！雖於《程傳》未躋彬彬，然亦略有所得。昔唐子西有名言曰：「天不生仲尼，萬古如長夜[30]」，吾亦略仿其語曰：「天不生伊川，易海無南鍼」，聊以終此篇云。

---

[28] 顧炎武：《亭林文集》（臺北：中華書局四部備要本，1966 年），卷三，頁 3。

[29] 丁晏：《周易述傳・書後》（上海：古籍出版社影清同治元年刻頤志齋叢書本，收錄於《續修四庫全書》）。

[30] 明・楊愼：《丹鉛摘錄》（臺北：臺灣商務印書館影文淵閣四庫全書本）卷十三，頁 3 引。